Diogenes Taschenbuch 24594

Petros Markaris, geboren 1937 in Istanbul, ist Verfasser von Theaterstücken und Schöpfer einer Fernsehserie, er war Co-Autor von Theo Angelopoulos und hat deutsche Dramatiker wie Brecht und Goethe ins Griechische übertragen. Mit dem Schreiben von Kriminalromanen begann er erst Mitte der neunziger Jahre und wurde damit international erfolgreich. Er hat zahlreiche europäische Preise gewonnen, darunter den Pepe-Carvalho-Preis sowie die Goethe-Medaille. Petros Markaris lebt in Athen.

Petros Markaris

# Wiederholungstäter

*Ein Leben zwischen*
*Istanbul, Wien und Athen*

Aus dem Neugriechischen von
Michaela Prinzinger

Diogenes

Titel der 2006 bei Ekdosis Pataki,
Athen, erschienenen Originalausgabe:
›Κατ' εξακολούθηση‹

Die deutsche Erstausgabe erschien 2008 im Diogenes Verlag
Dieser Band wurde für die deutsche
Fassung in Zusammenarbeit mit dem Autor
nochmals durchgesehen, das letzte Kapitel wurde erweitert
Covermotiv: Foto von Ivan Giménez


*Im Gedenken
an Joseph*

Veröffentlicht als Diogenes Taschenbuch, 2021

info@diogenes.ch · www.diogenes.ch
In Fragen zur Produktsicherheit (GPSR):
truepages UG (haftungsbeschränkt)
Westermühlstraße 29, 80469 München
info@truepages.de
ASR / 21 / 852 / 2
ISBN 978 3 257 24594 3

*Alles wandelt sich. Neu beginnen*
*Kannst du mit dem letzten Atemzug.*
*Aber was geschehen, ist geschehen. Und das Wasser*
*Das du in den Wein gossest, kannst du*
*Nicht mehr herausschütten.*
*[...]*
*Alles wandelt sich. Neu beginnen*
*Kannst du mit dem letzten Atemzug.*

Bertolt Brecht

*Inhalt*

## *Der spätberufene Romancier*

Brechts Gedicht habe ich nicht nur deshalb an den Anfang gestellt, weil ich es mag, sondern auch, weil es mein schriftstellerisches Leben geprägt hat. Mit achtundfünfzig Jahren begann ich, Romane zu schreiben – nicht gerade mit meinem letzten Atemzug, doch auf dem besten Wege dahin. Zwar glaube ich an Marx' Ausspruch, dass die kürzeste Verbindung zwischen zwei Punkten manchmal eine Kurve sein kann, zum einen weil mir der Ausspruch gefällt, zum anderen weil er mir zupass kommt. Andererseits weiß ich sehr gut, dass ich das Wasser, das ich in meinen Wein gegossen habe, nicht mehr herausschütten kann. Doch mit dieser Wahrheit lebe ich ganz angenehm, ohne mich vom Leben benachteiligt zu fühlen und ohne tränenschwere Seufzer à la »Ach, den Fehler von damals bereue ich bis heute!«.

Ich wäre niemals zum Romaneschreiben gekommen, wäre da nicht Kommissar Kostas Charitos vor mir aufgetaucht. Mein ganzer Erfolg als Romanautor ist in erster Linie sein Verdienst. Es gibt Figuren, die urplötzlich vor dir aus dem Boden wachsen, ohne dass du jemals mit ihrer Existenz gerechnet hättest. Sie ähneln jenen Verwandten, die eines schönen Tages aus dem Nichts auftauchen und sagen: »Ich bin der Cousin deines Vaters, der mit zwanzig nach Kanada ausgewandert war«, oder: »Ich bin deine Schwester väterlicherseits und bei meiner Mutter auf der Krim aufgewachsen.« Normalerweise empfindest du diese bislang unbekannten Verwandten als zusätzliche Last, die dir plötzlich und ohne Vorwarnung auf die Schultern gewuchtet wird. Nicht genug mit deiner eigenen Familie, um die du dich zu kümmern hast oder mit der du dich zankst, nun sollst du auch noch einen unbekannten Verwandten ertragen, der vom Himmel gefallen ist. Ganz so, wie Brecht in *Die heilige Johanna der Schlachthöfe* sagt:

»Gleich einem Atlas stolpere ich, auf den Schultern
Die Zentnerlast von Blechbüchsen, gradenwegs
Unter die Brückenbögen.«

Der Verwandte aus dem Nirgendwo ist wie eine Zentnerlast von Blechbüchsen. Doch ich will nicht kleinmütig sein. Ausnahmen gibt es immer. Mit einigen dieser ungeladenen Verwandten wirst du vom ersten Augenblick an warm und bedauerst, dass du sie nicht schon früher kennengelernt hast. Es sind nicht so sehr die Verwandtschaft oder die Blutsbande, die den Ausschlag geben, als vielmehr die Chemie, die auf Anhieb stimmt.

Auf Charitos traf keines von beiden zu. Er wuchs im Herbst des Jahres 1993 plötzlich vor mir aus dem Boden. Es war das dritte Jahr, in dem ich eine Folge nach der anderen für die TV-Serie *Anatomie eines Verbrechens* schrieb, und das unter ständigem Termindruck. Und da stand mit einem Schlag eine dreiköpfige Familie vor meinem Schreibtisch: Vater, Mutter, Kind. Eine typisch griechische Familie, wie in jeder beliebigen kleinbürgerlichen Wohngegend Athens anzutreffen – in Kypseli, Ambelokipi, Tourkovounia oder Vyronas. Mein erster Impuls war, sie zum Teufel zu schicken, um meine Ruhe zu haben. Es war die klassische Reaktion auf den unbekannten und ungeladenen Verwandten: Du willst ihn wegschicken, um unangenehme Überraschungen zu vermeiden. Bei Charitos war das genauso. Ich wollte ihn loswerden, weil ich seine kleinbürgerliche Herkunft fürchtete. Die Literatur, das Theater, das Kino und das Fernsehen sind voll von Kleinbürgern und kleinbürgerlichen Familien. Was sollte ich darüber noch erzählen? Zudem empfinden Schriftsteller und Künstler ihren kleinbürgerlichen Verwandten gegenüber eine gewisse Verlegenheit und ziehen es vor, sie auf Distanz zu halten. Außer an den Feiertagen, doch auch dann kann man auf Telefonanrufe, Blumensendungen und seit neustem auch auf SMS ausweichen.

Der Mann gehörte jedoch zu der hartnäckigen Sorte von Verwandten, die dir tagtäglich Nachrichten auf dem Anrufbeantworter hinterlassen mit der Frage, wann man sich denn endlich wiedersehe. Schließlich berufst du dich auf den Ausspruch, den auch mein seliger Vater ständig im Munde führte: Bringen wir's hinter uns. So entwickelte sich meine Beziehung zu Charitos. Wenn ich mich an den Schreibtisch setzte, war er schon da und wartete auf mich. Bereit, mir das Leben schwerzumachen. Nach knapp einem Monat war seine Anwesenheit zu einer täglichen Qual geworden. Er hinderte mich daran, mich auf die Drehbücher zu konzentrieren, die mich ohnehin große Anstrengungen kosteten, und jeder Versuch meinerseits, ihn – auf sanfte oder auf grimmige Weise – in die Flucht zu schlagen, misslang. Eines Morgens, als ich wieder einmal den hoffnungslosen Versuch unternahm, ihn zum Teufel zu schicken, schoss es mir durch den Kopf, dass ein solcher Quälgeist nur eins von beiden sein konnte: Zahnarzt oder Polizist.

Bis dahin hatte ich nur einen unspezifischen

*pater familias* vor mir gesehen. Doch nun erkannte ich, dass er ganz offensichtlich ein Polizist war, und so fügten sich die weiteren Aspekte seines Charakters wie von selbst zueinander. Ich wusste sofort, dass er Kostas Charitos hieß und seine Frau Adriani. So, wie ich wusste, dass das Kind ein Mädchen war, Katerina hieß und eine Doktorarbeit in Jura an der Aristoteles-Universität Thessaloniki schrieb.

Das Einzige, wonach ich wirklich suchen musste, war die Gegend, in der er wohnte. Während ich mich zuvor mit keiner kleinbürgerlichen Wohngegend anfreunden konnte, wollte ich nun, da ich die Familie besser kannte, doch darauf zurückkommen. Meine Entscheidung hatte auch mit meiner eigenen Familie zu tun. Und so fiel meine Wahl auf die Aristokleous-Straße an der Grenze zwischen Pangrati und Vyronas. Es ist ein kurzes, enges Sträßchen und genauso unauffällig wie die Familie selbst. Wenn Sie einem ihrer Mitglieder zufällig auf der Straße begegneten, würden Sie achtlos an ihm vorübergehen.

Doch die Erfahrung – die ich zum größten Teil durch das Studium der Werke anderer Autoren erworben habe, die ich übersetzte – hat mich gelehrt, dass eine Figur ohne biographische Brüche nicht überzeugend wirkt. Solch eindimensionale Charaktere sind langweilig und lassen den Leser kalt.

Anders gesagt: Selbst der farbloseste Held ohne eigenes Flair braucht irgendeine ›Macke‹, durch die er sich von den anderen abhebt. Und Charitos hat gleich zwei davon. Zunächst einmal sein Auto, der berühmte Fiat 131 Mirafiori.

Viele Fragen, die mir Leser stellen, betreffen diesen Wagen. Einen Hyundai, Nissan oder Opel würde man als absolut passend zu Charitos' Charakter und sozialer Stellung empfinden. Einen Mirafiori aber? Die Jüngeren wissen nicht einmal, was das für ein Auto ist. Die Älteren kennen es wohl, wundern sich jedoch darüber, dass ich darauf verfallen bin. Eine italienische Freundin sagte einmal zu mir: »Möglich, dass ein Modell davon in Agnellis Museum rumsteht, aber in Italien steigt nicht einmal ein illegaler Einwanderer in einen Mirafiori.«

In Griechenland war der Mirafiori nie besonders beliebt. Folglich scheint mir die Frage völlig gerechtfertigt, wie ich darauf gekommen bin. Es klingt zwar unglaublich, aber der Weg dazu führte über Libyen. Mitte der sechziger bis Mitte der siebziger Jahre arbeitete ich in der Exportabteilung der Zementfabrik *Titan*. Zu dieser Zeit verkaufte Griechenland große Mengen an Zement nach Libyen, und ich reiste alle naselang nach Bengasi oder Tripolis. In beiden Städten zirkulierten fast ausschließlich Autos der Marke Fiat, und zwar vorwiegend das Modell Mirafiori. Auf Schritt und Tritt begegnete man diesem Wagen, entweder stand er geparkt am Straßenrand oder fuhr durch die Gegend. Als ich nun nachdachte, welches Auto am besten zu Charitos passen würde, erwachte vor meinem geistigen Auge der Mirafiori wieder zum Leben.

Diese Erklärung gab ich jedes Mal, wenn ich gefragt wurde: »Wieso ausgerechnet der Mirafiori?« Tief in meinem Innern war ich mit der Antwort jedoch nicht zufrieden. Ich spürte, dass die Erklärung von mir und nicht von Charitos stammte. In meinem vierten Roman, im *Großaktionär,* liefert Charitos schließlich seine eigene Begründung. Dort erläutert er Vlassopoulos im Verlauf eines Gesprächs an der olympischen Ruderregattastrecke in Spata, wieso er sich nicht von seinem Mirafiori trennen kann: »Weißt du, warum ich nicht von ihm lassen kann, Vlassopoulos? Weil es mir zu blöd wäre, einen nagelneuen Wagen mit Allradantrieb zu haben, der vom ersten kräftigen Regenguss auf den Athener Straßen weggeschwemmt wird. Der Mirafiori ist authentisch. Aber es kann sein, dass er dich bei schönstem Wetter mitten auf der Straße im Stich lässt. Genau wie Griechenland die Griechen.«

Charitos' zweite ›Macke‹ sind die Wörterbücher. Die meisten Leser wundern sich über einen Polizisten, der sich ausschließlich für die Lektüre von Wörterbüchern interessiert. Ich frage mich jedoch, warum. In der Kriminalliteratur gibt es Helden mit viel ungewöhnlicheren Eigenheiten, die sie oft zu Außenseitern oder Randfiguren der Gesellschaft stempeln. Ich will mich auf zwei Beispiele beschränken: P. D. James' Hauptfigur Adam Dalgliesh ist neben seiner Tätigkeit als Kommissar auch Dichter. Ich will nicht behaupten, dass Polizisten oder selbst Innenminister keine Gedichte schrieben, aber ein dichtender Kommissar mutet schon seltsam an. In Griechenland gab es zwar einen dichtenden Sandalenschuster, den äußerst sympathischen Melissinos, auf einen dichtenden Polizisten kann ich mich jedoch nicht besinnen. Oder Donna Leons Commissario Brunetti – der ist auch ziemlich außergewöhnlich. Er hat Altgriechisch und Latein studiert und ist mit einer Universitätsprofessorin verheiratet, die noch dazu aus einer sehr alten venezianischen Adelsfamilie stammt. Hätte ich den griechischen Bullen Charitos als verheiratet mit einer Akademikerin und als Absolventen der klassischen Philologie dargestellt, hätte mir das kein griechischer Leser abgenommen. So beschränkte ich seine ›Macke‹ zunächst auf zwei Wörterbücher: auf das neunbändige *Große Wörterbuch der Griechischen Sprache* von Dimitrakos und auf das gleichnamige vierbändige Lexikon von Liddell-Scott. Später trat das *Wörterbuch sämtlicher Begriffe bei Hippokrates* von Panos D. Apostolidis hinzu, das ihm seine Tochter Katerina schenkt, als er im Krankenhaus liegt.

Charitos hat seine Neigung zu Wörterbüchern von mir, denn ich bin ein manischer Leser solcher Werke. Andere empfinden Lexika vielleicht als langweilig oder als ein notwendiges Übel, ich kann stundenlang in ihnen schmökern. Wenn ich eine Buchhandlung betrete, besuche ich zuerst die Abteilung für Wörterbücher. Und nun, wo viele alte Lexika auf DVD herausgebracht und dadurch erschwinglicher werden (denn darüber darf man sich nicht hinwegtäuschen, Wörterbücher sind sündteuer), halte ich ständig im Internet Ausschau nach neuen Editionen. Ich weiß nicht, ob diese Neigung für Wörterbücher von meiner übersetzerischen Tätigkeit herrührt, die mich mit ihnen vertraut gemacht hat. Sicher ist jedenfalls, dass ich mir ständig wieder welche besorge.

Andererseits spüre ich eine tief verwurzelte Antipathie gegen Polizisten oder Detektive, die kauzig oder überragend intelligent sind. Üblicherweise haben sie einen naiven Bewunderer an ihrer

Seite, den sie zu ihrem Handlanger degradieren, um als besonders schlau dazustehen. Dies ist der Fall in der Beziehung zwischen Sherlock Holmes und Watson oder zwischen Hercule Poirot und Hastings. In Wirklichkeit sind Polizisten und Detektive – wo sie denn auftreten – weder schrullig noch besonders genial. Es sind einfache Menschen, die mühsam und beharrlich versuchen, komplizierte und oftmals schmutzige Fälle aufzuklären.

Miss Marple ist mir dabei hundertmal lieber als Poirot. Die allgemeine Bewunderung für Poirot entspringt dem Trugschluss, aufgrund seiner Exaltiertheit sei er im Stande, rätselhafte Fälle zu lösen. Im Gegensatz dazu fragt man sich bei Miss Marple: Wie ist es möglich, dass diese Glucke so verzwickte Fälle löst? Genau das macht Miss Marple zu einer interessanteren Figur als Poirot.

Doch meine Entscheidung, Kostas Charitos zum Polizeibeamten und Leiter der Mordkommission im Athener Polizeipräsidium zu machen, löste meine Probleme keinesfalls mit einem Schlag. Seit seinem ersten Auftauchen hielt mich dieser mysteriöse Mann, der jeden Morgen vor meinem Schreibtisch Aufstellung nahm, auf Trab.

Es gilt als eines der unantastbaren Prinzipien des Kriminalromans, dass sich der Held – sei es nun ein

Polizist oder ein Profi- bzw. Amateurdetektiv – am Schluss stets als Sympathieträger oder zumindest als ›positiver Charakter‹ herausstellen muss. Von dem Augenblick an, da er in Konflikt mit dem ›Bösen‹ gerät, die Vertreter des Bösen entlarvt und der Justiz übergibt oder selbst Gerechtigkeit übt, wird sich der Leser, der auch gegen ›das Böse‹ oder die Vertreter des Bösen Stellung bezieht, früher oder später mit ihm identifizieren. Das betrifft natürlich nicht die persönlichen Schwächen und Widersprüche, die jeder Held haben muss, um interessant zu wirken (romanhafte ›Heiligenfiguren‹ sind selten sympathisch, mit Ausnahme vielleicht von Simon Templar, dem Helden von Leslie Charteris, der zwischenzeitlich dem Vergessen anheimgefallen war). Pepe Carvalho zum Beispiel, Manuel Vázquez Montalbáns Detektiv, ist zutiefst sympathisch und ein hervorragender Koch, dabei könnte man ja meinen, dass er mit seinem ungezügelten Appetit oder, besser gesagt, seiner Gefräßigkeit zumindest auf einen Teil des Lesepublikums abstoßend wirken müsste. Doch selbst Anhänger von Biokost lehnen ihn nicht ab, obwohl er beim Essen und Trinken unersättlich ist und den ungesündesten Speisekombinationen frönt, die man sich nur vorstellen kann.

Ein weiteres Beispiel ist Ian Rankins Detective

Inspector Rebus. Sobald er einen Fall übernimmt, wütet er wie ein Elefant im Porzellanladen und nimmt weder auf Vorschriften noch auf Kollegen Rücksicht. Und dennoch wird ihn kaum ein Leser deswegen nicht mögen, ja selbst ein junger Mensch, der eine Familie gründen möchte, oder ein durchschnittlicher Familienvater wird sich mit ihm anfreunden. Und dabei ist Rebus ein miserables Familienoberhaupt und ein hundsmiserabler Vater, der seine Familie zerstört und dem seine Tochter in solchem Maße gleichgültig ist, dass sie sich in den Drogenkonsum flüchtet, einzig und allein weil der Vater wie besessen dem Verbrechen hinterherjagt.

Es gibt viele solcher Beispiele. Am Ende gelingt es dem Autor dennoch, seinen Helden sympathisch erscheinen zu lassen oder wenn schon nicht die Zustimmung, so zumindest das Verständnis des Lesers zu gewinnen. Eigentlich erstaunlich, denn wir leben in einem politisch korrekten Zeitalter, und folglich muss der positive Held auch politisch korrekt handeln. Auf die direkte Entsprechung von politischer Korrektheit und Scheinheiligkeit will ich später noch zu sprechen kommen.

Mein Problem war ganz anders gelagert: Wie soll ich einen sympathischen griechischen Bullen kreieren, der dem Leser ans Herz wächst? Ich kam in der ›Poli‹ – wie Konstantinopel oder Istanbul von den Griechen immer noch genannt wird – zur Welt. Ich wuchs in Istanbul auf und lebe seit 1965 in Griechenland. Seitdem ich ein politisches Selbstverständnis entwickelt habe, fühle ich mich als Linker. Wie sollte jemand, der in zwei Ländern gelebt hat, in denen Gewalt und Willkür in Verbindung mit der erbarmungslosen Verfolgung der Linken jahrzehntelang das tägliche Brot der Polizei bildeten, für Bullen auch nur die geringste Sympathie verspüren?

Nun schön, Kostas Charitos war also Bulle. Aber ein Sympathieträger? Wie sollte ich zunächst einmal mich selbst davon überzeugen, dass jemand sympathisch sein konnte, dessen Beruf ich mit Ablehnung, Vorbehalt und Misstrauen, wenn nicht gar Feindseligkeit gegenüberstand? Das bisschen Verständnis, das wir gelegentlich für Polizeibeamte aufbrachten, äußerte sich in einer herablassenden Haltung. Der zeitweilig von uns gebrauchte Ausdruck vom ›armen Bullenschwein‹ beinhaltete weder Sympathie noch Mitleid, sondern war abwertend gemeint. Wenn meine Generation ihre tiefste Verachtung für den Polizisten zum Ausdruck bringen wollte, griff sie zudem nicht zum Wort ›Bulle‹ *(batsos)*, sondern gebrauchte den Ausdruck ›Amtsorgan‹. Ein Freund von mir hatte sich angewöhnt, sich Polizisten mit der Anrede »Entschuldigung, wertes Amtsorgan« zu nähern. Das andere Wort für Bulle, *baskinas*, wurde damals selten bis gar nicht verwendet. Etymologisch leitet es sich vom türkischen *baskın* ab, was Angriff, Überfall, Razzia bedeutet. Somit wäre der Bulle auf den Begriff ›Angreifer‹ festgelegt, was ich nicht nur billig, sondern auch falsch fände.

Wie sollte es mir also gelingen, einen sympathischen Bullen zu kreieren? Diese Frage hat mich etliche Monate lang gequält, ohne dass ich eine Antwort darauf fand. Man könnte das nun Voreingenommenheit, linken Starrsinn oder auch Unflexibilität nennen. Das Problem ist, dass sich der Mensch (und leider mehr noch der Linke) nur schwer von bestimmten chronischen Leiden befreien kann, die auf Wunden der Vergangenheit zurückgehen. Sosehr sich auch die Gegenwart verändert hat, die Vergangenheit drängt sich – zumindest in gewissen Bereichen unseres Denkens – immer wieder in den Vordergrund.

Und dennoch kam die Lösung aus der Vergangenheit. Nach sechs Monaten erinnerte ich mich wieder daran, wie der Bulle zum ersten Mal vor mir aufgetaucht war: als *pater familias* einer dreiköpfigen kleinbürgerlichen Familie. Nicht der Beruf, sondern die soziale Klasse, also die kleinbürgerliche Familie, war das ausschlaggebende Merkmal. Denn auch ich stamme aus kleinbürgerlichen Verhältnissen. Meine Mutter widmete sich, wie Charitos' Frau Adriani, voll und ganz dem Haushalt. Mein Vater hatte sich, wie Charitos bei Katerina, das Geld für das Studium seiner Kinder vom Mund abgespart.

Unglaublich, wie sehr die Uniform die Eigenschaften ihres Trägers überdeckt, wie sehr die Uniform uns dazu bringt, nur das ›Amtsorgan‹ und nicht den Menschen in der Uniform wahrzunehmen. Und es ist verwunderlich, aber auch außerordentlich gefährlich, dass nach so vielen Jahren immer noch ideologische Vorurteile unseren Blick trüben.

Vielleicht liegt das am tiefsitzenden Argwohn, den der Durchschnittsgrieche der politischen, der richterlichen und vor allem jeder uniformierten Form von Macht gegenüber empfindet. Wahrscheinlicher ist, dass es an unserer Unfähigkeit (oder auch unserer inneren Verweigerung) liegt, eine gründliche Verarbeitung der düsteren Jahre unserer neueren Geschichte – von der Besatzungszeit bis zum Zusammenbruch der Junta – in Angriff zu nehmen. Die Anerkennung des nationalen Widerstandes bildete fraglos einen mutigen Schritt, mündete jedoch nach so vielen Jahren, in denen Ungerechtigkeit und Unterdrückung eines Teils der griechischen Gesellschaft vorgeherrscht hatten, eher in einem Gefühl der Genugtuung als in dem der Versöhnung. Versöhnung erfordert, wie etwa in Südafrika, eine andere Herangehensweise. Nun, die jüngeren Generationen ignorieren diese brutale und abnorme historische Vergangenheit. Ich bin jedoch sicher, dass Vergessen nicht die geeignete Therapie sein kann. Denn Nelson Mandela, der kluge Kämpfer, sagte sehr richtig: *forgive, but not forget* – verzeihen, aber nicht vergessen.

Es ist seltsam, dass die Griechen den Ordnungshütern viel feindseliger und angriffslustiger gegenüberstehen als dem Militär, obwohl der letzte Putsch von Militärs ausgeführt wurde. Zwar kenne ich das eingängige Argument, die ›jungen Rekruten‹ gehörten sozusagen zur Familie. Aber wieso dann die Polizeibeamten nicht?

Wie auch immer die Erklärung lauten mag, es ist eine Tatsache, dass ich einen Mann wie meinen Vater vor Augen hatte, sobald ich Charitos die Uniform ausziehen und einen Anzug anziehen ließ. Es war, als hätte ich stundenlang versucht, einen Knoten zu lösen, und plötzlich das richtige Ende des Fadens erwischt. Das Knäuel begann sich zu entwirren, und ich erkannte nicht nur die Gemeinsamkeiten zwischen meinem Helden und meinem

Vater wieder, sondern auch die zwischen seiner Frau Adriani und meiner Mutter.

Die einzige Ausnahme bildete Katerina, Adrianis und Charitos' Tochter, die nicht mir oder meiner Schwester, sondern meiner eigenen Tochter sehr ähnlich ist. Des Öfteren habe ich mich gefragt, warum ich mit der Figur der Tochter das kompakte kleinbürgerliche Dreiecksverhältnis Vater–Mutter–Sohn durchbrochen habe. Möglicherweise ist es der Tatsache geschuldet, dass ich selbst eine Tochter großgezogen habe und folglich die Gedankenwelt und Reaktionen von Mädchen aus eigener Anschauung kenne, während Jungen für mich eine *terra incognita* sind. Sicherlich hat es auch mit der Tatsache zu tun, dass ich mir immer eine Tochter und nie einen Sohn wünschte. Das habe ich aber erst spät begriffen. Neun Monate lang gab ich mich gelassen und locker. Erst als mich die Krankenschwester hereinrief, um mir das Neugeborene zu zeigen, und mir verkündete, dass ich eine Tochter bekommen hatte, wurde mir bewusst, wie sehr ich gehofft hatte, es sei ein Mädchen, und ich vollführte einen Freudentanz.

Der dänische Philosoph Sören Kierkegaard unterteilte die Schriftsteller in existentielle und nichtexistentielle. Nichtexistentiell sind nach Kierkegaard diejenigen Schriftsteller, deren Werk sich von ihnen unabhängig macht. Im Gegensatz dazu verarbeiteten existentielle Schriftsteller Elemente ihrer Autobiographie und thematisierten ihre eigenen, die menschliche Existenz betreffenden Fragen. Als Beispiel für den ersten Fall führt Kierkegaard Ibsen an, als Beispiel für den zweiten Strindberg. Letzterer bestätigt nicht nur Kierkegaards Einteilung, sondern denkt sie in ihrer extremsten Konsequenz zu Ende. »Ich glaube, dass das Leben einer Person, das vollständig und gänzlich beschrieben wird, viel glaubwürdiger und enthüllender ist als das Leben einer ganzen Familie. Wie können wir wissen, was im Kopf der anderen vorgeht, wie können wir die verkappten Motive ihrer Handlungen kennen? Ja, sicherlich, wir konstruieren. Aber die Erkenntnis hat sich bislang nur geringfügig durch jene Schriftsteller weiterentwickelt, die mit ihren wenigen psychologischen Kenntnissen versuchten, das Seelenleben der Menschen darzustellen, das in Wirklichkeit verborgen ist«, schreibt Strindberg in seiner Autobiographie *Der Sohn einer Magd*. Und er endet: »Man kennt nur ein Leben: sein eigenes.«

Auch wenn man Strindbergs Behauptung radikal findet, so gibt es dennoch keinen Zweifel, dass jeder Schriftsteller immer wieder biographische

Elemente von Personen aus seinem Umfeld, aber auch autobiographische Elemente verwendet. Stanislawskis Theatermethode, die von den Schauspielern verlangt, ihre eigene, dem Seelenzustand der zu verkörpernden Person entsprechende innere Wahrheit oder Erfahrung zu suchen und darauf ihre Interpretation aufzubauen, ist für Schriftsteller gleichermaßen nützlich und effektiv. Denn auch der Schriftsteller beruft sich auf seine eigenen Erfahrungen, um Personen und Situationen zu beschreiben. In vielen Fällen komponiert er sogar mosaikartig Charaktere: aus Elementen, die er von unterschiedlichen ihm bekannten Personen borgt.

Ich schreibe das alles, weil mir immer wieder Leser oder Zuhörer die Frage stellen: »Sind Sie Charitos?«, oder: »Mit welchem Teil von Charitos identifizieren Sie sich?« Prinzipiell können beide Fragen mit einem Ausspruch Goethes beantwortet werden: »Alles, was im Subjekt ist, ist im Objekt, und noch etwas mehr. Alles, was im Objekt ist, ist im Subjekt, und noch etwas mehr.«

Diese Antwort hört sich vielleicht hochgestochen oder gar bevormundend an, daher finde ich sie nicht völlig befriedigend. Zudem trübt sie die Sicht auf die Dinge eher, als sie zu klären. Also will ich die Frage noch einmal in der ersten Person stellen: »Welchen Teil meiner Biographie könnte ich mit Charitos identifizieren?«

Wie ich anfangs schon sagte, ergab sich die Versöhnung mit Charitos und seiner Familie aus meiner eigenen sozialen Herkunft. Charitos und Adriani erinnerten mich an meine Eltern. Sobald ich jedoch über diesen gemeinsamen Ursprung hinausgehe, tun sich die Unterschiede auf. Denn ich stamme nicht aus einer kleinbürgerlichen Familie aus dem griechischen Staatsgebiet, sondern aus einer kleinbürgerlichen Familie der griechischen Minderheit in Istanbul. Hier trennen sich die Wege von meiner eigenen und Charitos' Familie.

Grundsätzlich hielten im Istanbul meiner Jugendzeit die Minderheiten den größten Teil des Handels fest in ihrer Hand, und in einer Ökonomie der Zwischenhändler bedeutete dies eine Anhäufung von Reichtum. Die kleinbürgerliche Istanbuler Familie aus meinen Kinder- oder Jugendjahren, ob sie griechisch war (bzw. rhomäisch, wie Byzanz' letzte Nachfahren und die Türken sagten), armenisch oder jüdisch, so lag ihr Lebensstandard und gesellschaftlicher Status weit über dem der entsprechenden Familien auf griechischem Staatsgebiet. Selbst ein Kleinbürger wie mein Vater, der weder Geschäfte noch Unternehmen besaß, sondern in einem Einraumbüro ausländische Waren vertrat, konnte in diesem Klima angenehm leben. Auf jeden Fall viel angenehmer als der entsprechende Kleinbürger in Griechenland.

Sicher, sowohl Charitos als auch ich sind in geschlossenen Gesellschaften aufgewachsen. Charitos in einem Dorf auf dem Lande, in der Zeit nach dem griechischen Bürgerkrieg, mit einem Gendarmerieoffizier als Vater, und ich in Istanbul, als Mitglied einer Minderheit. Mit Ausnahme dieses Abgeschottetseins jedoch ist alles anders.

Jeder Grieche hat irgendjemanden in seiner Familie – Vater, Großmutter oder Großvater –, der sehr genau weiß, was es hieß, während der fünfziger und sechziger Jahre in einem griechischen Dorf zu leben. Er weiß ebenso, was zu jener Zeit die Machtposition eines Gendarmerieoffiziers auf dem Dorf bedeutete – eine Macht, die sich nicht auf Autorität, sondern auf Willkür und auf die Angst vor der Willkür stützte. Was die Griechen vermutlich nicht so gut kennen, sind die in sich geschlossenen Minderheitengesellschaften Istanbuls aus derselben Epoche.

Wenn ich als Gymnasiast mit der kleinen unterirdisch verlaufenden Standseilbahn vom Tünel auf die Große Pera-Straße gelangte, welche Pera (türkisch Beyoğlu) mit Galata (türkisch Karaköy) verband, und sie in Richtung Taxim-Platz überquerte, dem damals zentralen Platz Istanbuls, hörte ich sechs Sprachen gleichzeitig: Türkisch, Griechisch, Armenisch, sephardisches Jüdisch, Italienisch und Französisch. An meine Ohren drang tagtäglich eine lukullische Vielfalt. Stets betrachteten die Griechen Konstantinopel und Alexandria als die zwei großen Zentren des Griechentums, und das tun sie heute noch. Die beiden Städte waren kosmopolitische Zentren, auf die viele große europäische Metropolen der damaligen Zeit neidvoll blickten.

Folglich wuchs ich nicht in der isolierten Gesellschaft eines Dorfes auf, sondern als Kosmopolit. Doch der Augenschein trügt. Denn die lukullische Vielfalt beschränkte sich auf die Sprachen. Nur die Sprachen vermischten sich, im Übrigen lebten alle Ethnien nebeneinanderher und nicht ineinander aufgehend, abgeschottet und mit der Furcht, der andere, der Fremde, könnte ihnen ihre Traditionen, ihre Geschichte und ihre heiligen Kostbarkeiten stehlen.

Ich weiß, dass der Staat und die Mehrheit der Bevölkerung die Verantwortung und die Verpflichtung haben, politische Strategien zu entwerfen in dem Bemühen, Minderheiten in die Gesamtgesellschaft eines Landes zu integrieren. Deutschland hat die Verpflichtung, die dort lebenden Türken aktiv zu integrieren und nicht darauf zu warten, dass diese es von selbst tun. Dasselbe gilt für Frankreich und die Nordafrikaner wie auch für jedes andere Land, das Minderheiten auf seinem Staatsgebiet beherbergt.

Andererseits setzt Integration auch die Bereitschaft oder, besser gesagt, den Willen des ›Fremden‹ oder der Minderheit zur Integration voraus. Wenn der Wille fehlt, dann werden alle möglichen vom jeweiligen Land erarbeiteten Programme nur beschränkt Erfolg haben. Die Erfahrung der letzten Jahre in Europa bestätigt zweifelsohne dieses Phänomen. Die große Mehrheit der Muslime in den europäischen Ländern zieht ihre eigenen Traditionen, ihre eigene Kultur einem europäischen oder europäisierten Lebensstil vor. Sicher hatte die Türkei damals weder Integrationsprogramme für die Minderheiten noch die Bereitschaft, sie in eine multireligiöse und multikulturelle Gesellschaft einzugliedern. Sie wollte sie entweder – wie die Kurden – assimilieren oder – wie die Konstantinopler Griechen, die sie mit den Griechen in Griechenland gleichsetzte – loswerden.

All dies ist zwar die Wahrheit, aber nur die halbe. Sie wird jedoch als die ganze serviert, da immer und überall die Schuld auf den Stärkeren geschoben wird, und die Türken waren eindeutig die Stärkeren. Irgendwann einmal müssen wir jedoch auch die Kehrseite der Medaille betrachten: dass sich die Minderheiten nämlich gar nicht integrieren wollten. Jede von ihnen lebte losgelöst von den anderen in ihrem eigenen Mikrokosmos, unfähig, sich als autonomen Teil eines multiethnischen Ganzen zu begreifen, und fühlte sich verpflichtet, alles, was ihr heilig war, zu verteidigen – zuerst die Religion und dann die Sprache.

Das konnte man auch an den Beziehungen der Minderheiten untereinander sehen. Die Heirat einer Griechin, Armenierin oder Jüdin mit einem Türken oder umgekehrt brach wie eine Katastrophe über die jeweilige Familie herein. Die Heirat eines Griechen mit einer Jüdin war vielleicht etwas besser angesehen, doch glücklich war man damit keineswegs. Auch Ehen zwischen Griechen und Armeniern waren weder häufig noch selbstverständlich. Und sprach man über solche Familienmitglieder, so tat man es mit einem Seufzer und der entschuldigenden Erläuterung: »Nun ja, sie hat halt einen Armenier geheiratet«, oder: »Nun ja, er hat halt eine Armenierin geheiratet.«

In der griechischen Minderheit war die Situation noch schlimmer. Denn die Konstantinopler Griechen hielten sich nach wie vor für die Gralshüter des byzantinischen Erbes mit seinen eindrucksvollen Kirchen und dem Ökumenischen Patriarchat und fühlten sich folglich jeder anderen in Istanbul lebenden Ethnie überlegen. Sie blickten nicht nur auf die Türken herab, sondern auch auf die Armenier und die Juden. Das trug noch mehr zu ihrer Isolierung bei.

Wenn Charitos in einer kleinen, geschlossenen Dorfgesellschaft aufwuchs, die ihn zu ersticken drohte, so wurde ich in einer stockkonservativen, wenn nicht gar reaktionären Minderheit groß, die kein anderes Mittel fand, ihre alte Herkunft und historische Größe zu verteidigen, als sich einzumauern und sich inmitten eines ansonsten kosmopolitischen Umfelds gegen alle Einflüsse abzuschotten. Und während Charitos – wie so viele andere seiner Altersgenossen in der damaligen Zeit – ungeduldig darauf wartete, das Dorf endlich verlassen zu können und nach Athen zu gehen, bekam ich in dieser sich abkapselnden Minderheit keine Luft mehr, und ich suchte einen Ausweg – ganz im Gegensatz zu vielen anderen meiner Altersgenossen, die auch heute noch glücklich und zufrieden das gleiche Leben führen würden, wenn nicht das Zypern-Problem und die türkische Politik sie zum Exodus veranlasst hätten.

Nun, da ich diese Zeilen schreibe, kommt mir

mit einem Mal etwas in den Sinn, was vor einigen Jahren eine türkische Freundin, Şara Sayın, Professorin der Germanistik an der Universität von Istanbul, zu mir sagte. »Ihr habt recht, wenn ihr ruft, der türkische Staat habe euch vertrieben oder indirekt zum Fortgehen gezwungen. Es besteht kein Zweifel, dass wir uns euch gegenüber schuldig gemacht haben. Doch darf ich dich etwas fragen? Wenn wir euch heute zur Rückkehr einladen würden und uns bereit erklärten, alles euch zugefügte Unrecht wiedergutzumachen, wie viele würden deiner Meinung nach zurückkehren?«

»So gut wie keiner«, antwortete ich, fast ohne nachzudenken.

»Siehst du? Ihr konntet an eine andere Tür klopfen, an die Griechenlands. Heute geht es euch viel besser, als wenn ihr hiergeblieben wärt. Doch uns, glaub mir, geht es viel schlechter – und dabei ist es unsere Heimat.«

In dieser Wendung »Und dabei ist es unsere Heimat« liegen zwei Wahrheiten verborgen, die so widersprüchlich sind, dass die eine die andere aufhebt. Zum einen, so wird insinuiert, sei die Türkei – und nicht Istanbul im engeren Sinn – niemals unsere Heimat gewesen. Hier hätten wir uns niemals heimisch gefühlt, in Griechenland hingegen schon, daher hätten wir dort Wurzeln schlagen und ein besseres Leben finden können. Die andere Wahrheit ist, dass wir zumindest Istanbul so sehr als unsere Heimat empfanden, dass wir die Türken als vorübergehendes Übel betrachteten. Die Konstantinopler Griechen fühlten sich in Istanbul wie unter türkischer Besatzung.

Eine Minderheit ist eine zutiefst nationalistische Gruppierung, die mit reaktionärer Besessenheit ihre eigenen Werte verteidigt, sich mit Zähnen und Klauen dagegen wehrt, ihre Wertvorstellungen durch die Mehrheit ›verwässern‹ zu lassen, bis sie sich schließlich als eigenständige Existenzform begreift und auf Konfrontationskurs mit der Mehrheitsgesellschaft geht. Sicherlich betrachteten die Konstantinopler Griechen, die sich in Griechenland niederließen, ihre Landsleute nicht mit derselben Feindseligkeit wie die Türken. Mit einer gewissen Geringschätzung aber schon. Sie blickten auf ihren Lebensstil, ihre Gewohnheiten, selbst ihre Kochkunst von oben herab. Sie sorgten dafür, sich von den Griechen abzuheben, so wie sie früher dafür gesorgt hatten, sich von den Türken zu unterscheiden.

Die Minderheit scheut eine Identifikation mit der Mehrheit wie der Teufel das Weihwasser. Ich möchte ein Beispiel anführen, um zu zeigen, dass ich nicht übertreibe. In der Zeitspanne zwischen 1955 und 1965, als das Zypernproblem besonders akut war, tolerierte ein großer Teil der Türken nicht, dass Konstantinopler Griechen im öffentlichen Raum griechisch sprachen. Sie hatten für diesen Zweck sogar eigens eine Parole entwickelt. Wenn sie jemanden griechisch sprechen hörten, sagten sie zu ihm: »Landsmann, sprich türkisch!« Dieser extreme Nationalismus rief bei den Konstantinopler Griechen berechtigte Empörung hervor. Wie war es möglich, dass die Türken ihnen verbieten wollten, ihre Sprache zu sprechen? Als dieselben Konstantinopler Griechen sich in Athen niederließen und ihre Kolonie in Palio Faliro gründeten, sprachen sie im öffentlichen Raum türkisch miteinander. Die Athener trauten ihren Ohren nicht. Wie war es möglich, dass sich die Konstantinopler Griechen untereinander in der Sprache jener unterhielten, die sie vertrieben oder indirekt zum Exodus gezwungen hatten? Sie konnten die Notwendigkeit seitens der Minderheit nicht begreifen, sich von der Mehrheit abzugrenzen, um ihre eigenständige Existenz zu unterstreichen – bisweilen auf nahezu psychopathische Art und Weise. In Istanbul stellte man die öffentliche Abgrenzung durch das Griechische sicher, in Athen durch das Türkische.

Infolgedessen kann meine persönliche Lebensgeschichte nicht mit derjenigen Charitos' verglichen werden – mit Ausnahme des gemeinsamen Ausgangspunktes, dass wir beide aus geschlossenen Gesellschaften stammen und dass wir beide den brennenden Wunsch hatten auszubrechen, obwohl unsere jeweiligen Gründe dafür vollkommen andere waren.

Es gibt aber noch einen weiteren, sehr wichtigen Unterschied. Charitos ist im Griechenland der Nachkriegszeit mit einem Gendarmerieoffizier als Vater aufgewachsen, und er hat in der Juntazeit die Polizeischule absolviert. Er gehört also der Generation an, die mit der Dreifaltigkeit ›Familie–Kirche–Vaterland‹ aufwuchs.

Mir jedoch sagt der Begriff ›Vaterland‹ oder ›Heimat‹ gar nichts. Jedes Mal, wenn ich das vor Publikum äußere, findet sich unverzüglich ein Grieche, der mir die Leviten liest – manchmal höflich im Stil einer verwunderten Frage: »Aber, wie können Sie nur sagen, dass Sie keine Heimat haben, Herr Markaris?«, manchmal aber mit strenger Miene: »Schämst du dich nicht?!«, wie mir einmal ein Grieche bei einer Lesung in Aachen entgegenrief. Unabhängig vom Stil der Reaktion wiederhole ich stereotyp meinen Lebenslauf, um die Leute davon zu überzeugen, dass ich nicht übertreibe.

Mein Vater war Armenier, meine Mutter Griechin. Ich besuchte zunächst die sechs Klassen der

Bürgerschule, wie man in Istanbul die Grundschule nannte, auf Chalki (türkisch Heybeliada), doch meine sämtlichen weiterführenden Studien erfolgten in deutscher Sprache. Seltsamerweise kann ich kein Wort Armenisch. Wir waren eine vollkommen an das griechische Umfeld assimilierte Familie armenischen Ursprungs, und daran ist mein Großvater schuld. Die Geschichte ist so verrückt, dass sie es wert ist, erzählt zu werden.

Mein Vater entstammte einer sehr reichen armenischen Familie aus Istanbul. Mein Urgroßvater war einer der Bankiers von Sultan Abdul Hamid II. In seiner Familie arbeitete damals ein Dienstmädchen, das aus Andros stammte. Eines Tages ging dieses Dienstmädchen, dessen Namen ich nicht kenne, zu meinem Urgroßvater und bat um die Erlaubnis, im Haus eine ihrer Nichten aus Andros aufzunehmen.

Eine Bemerkung am Rande: Das war damals eine durchaus gängige Praktik. Etliche Griechen brachten Verwandte aus dem damals armen Griechenland nach Istanbul, wo – wie man sagte – »Häuser und Straßen aus Gold waren«, wo sie Arbeit finden, sich niederlassen und ein anständiges Leben führen konnten. Und Andros war in der zweiten Hälfte des 19. Jahrhunderts sicherlich nicht so wohlhabend wie heute.

Mein Urgroßvater erteilte die Erlaubnis, und die Nichte aus Andros kam nach Istanbul. Sie war siebzehn und, wie später in der ganzen Familie kolportiert wurde, sehr hübsch. Mein Großvater verliebte sich auf den ersten Blick. Schnurstracks ging er zu seinem Vater und verkündete, er wolle sie heiraten. Mein Urgroßvater ließ sich auf keine Diskussion ein.

»Das fehlte noch«, meinte er zu seinem Sohn. »Die Nichte eines Dienstmädchens zu heiraten, und noch dazu eine aus Griechenland!«

»Was macht das, wenn ich sie liebe«, hielt mein Großvater dagegen.

»Du wirst darüber hinwegkommen«, war die trockene Antwort.

Doch er kam nicht darüber hinweg. Er fuhr fort, auf seinen Vater Druck auszuüben, bis der sich zu der Drohung gezwungen sah, er werde ihn im Falle einer Heirat enterben.

Anscheinend hatte mein Urgroßvater immer noch nicht verstanden, was für ein Dickschädel sein Sohn war. Doch bald sollte er es begreifen: Einige Tage später trat mein Großvater vor seinen Vater, um ihm seine nunmehr angetraute Frau vorzustellen, die Nichte des Dienstmädchens. Mein Urgroßvater hielt Wort und enterbte ihn tags darauf. Da verließ mein Großvater das elterliche Herrenhaus und ließ sich mit seiner Frau in einer Zweizimmerwohnung nieder – und seit jenem Tag sprach er kein Wort Armenisch mehr. Er erlernte die Sprache seiner Frau und schickte alle seine Kinder in die griechische Schule. Seine Tochter heiratete einen Griechen, die beiden Söhne Griechinnen. Auch sie sandten ihre Kinder in griechische Schulen, und so verdorrte die armenische Wurzel.

Als ich diese Geschichte Daniel Keel, meinem Schweizer Verleger, erzählte, meinte er: »Warum schreiben Sie sie nicht nieder, Herr Markaris? Es ist eine packende Liebesgeschichte.« Schon richtig, nur dass ich leider kein so gutes Händchen für Liebesgeschichten habe.

Welches Vaterland sollte ich also haben? Ich, ein hellenisierter Armenier und in der deutschen Sprache aufgewachsener Konstantinopler Grieche? Welche Heimat, bitte schön? Die Türkei habe ich nie als meine Heimat empfunden, da sie mich als Fremden behandelte und meine ›Türkifizierung‹ forderte, wollte ich als gleichwertig und gleichberechtigt anerkannt werden, was zum selbstverständlichen Recht eines jeden Bürgers in einem wohlregierten Land gehört. Das Wort ›Türkifizierung‹ verwende ich nicht im religiösen, sondern im nationalistischen Sinn, was bedeutet: meinem innersten Wesen als Angehöriger einer Minderheit zu entsagen und allen Traditionen und meiner Muttersprache abzuschwören. Was ich auch immer an Vorbehalten gegenüber der Denk- und Lebensweise der Minderheiten habe, so ist es mir unmöglich, mein innerstes Wesen zu verleugnen.

Doch wenn wir vom Geburtsort sprechen, dann ist das für mich Istanbul, die ›Poli‹. Sie ist meine Geburtsstadt, dort sind all meine familiären Erinnerungen aus der Kindheit angesiedelt. Selbst heute steigt die Rührung in mir hoch, sobald ich meinen Fuß auf ihr Pflaster setze. Jeder Bezirk, jede Straße birgt eine Erinnerung. Istanbul ist der Ort, der für mich dem Begriff *Heimat* am nächsten kommt.

Es ist bittere Ironie, dass ich die griechische Staatsbürgerschaft viel früher erworben habe als die anderen Konstantinopler Griechen, nämlich in meiner Eigenschaft als Staatenloser. Denn obwohl ich kulturell als Grieche galt, war ich auf dem Papier nach wie vor Armenier. Es klingt verrückt, aber mein Argument, der Begriff ›Vaterland‹ bedeute mir nichts, hat zwar den griechischen Staat knapp nach dem Fall der Junta überzeugt, nicht jedoch die griechischen Nationalisten – damals wie heute.

Ich errate, welche Frage vielen meiner Leser auf der Zunge brennt: Und was ist mit Griechenland?

Was mich in erster Linie mit Griechenland verbindet, ist die Sprache. Hellas ist meine sprachliche Heimat. Doch es ist auch meine Wahlheimat. Ich bin dreisprachig aufgewachsen. Ich sprach und schrieb gleichermaßen gut griechisch, deutsch und türkisch. Doch mit dem Griechischen war ich emotional verbunden, da es meine Muttersprache ist. Auf Griechisch sagte ich meine ersten Wörter, auf Griechisch träumte ich. So zögerte ich keinen Augenblick. Ich wollte auf Griechisch schreiben, und daher traf ich die Wahl, in Griechenland zu leben. Durch die Sprache fand ich den Kontakt zu Griechenland und zu Athen, zur Geschichte des Landes, zur politischen Linken und zu deren Kämpfen. Hätte ich mich entschlossen, auf Deutsch zu schreiben, hätte ich in Deutschland dieselbe Entwicklung durchgemacht.

All jene, die gegen meine Erklärungen zum Heimatgefühl protestieren, kann ich durch meine Erläuterungen in den seltensten Fällen überzeugen. Normalerweise betrachten sie mich mit Argwohn. Dennoch glaube ich nicht, dass es viele gibt, die den Ausspruch des griechischen Nationaldichters Dionysios Solomos so wörtlich genommen haben wie ich: »Habe ich denn andres in meinem Sinn als Freiheit und Sprache?« Oder dass viele sich mit Isokrates' Wendung so vollkommen identifizieren:

»(…) und Athen hat es fertiggebracht, dass der Name ›Hellene‹ nicht mehr eine Bezeichnung für ein Volk, sondern für eine Gesinnung zu sein scheint und dass eher ›Hellene‹ genannt wird, wer an unserer Bildung als wer an unserer gemeinsamen Abstammung teilhat«. Vielleicht bildet unter diesem Blickwinkel mein gesamtes schriftstellerisches Dasein mitsamt den häufigen Verweisen auf die politische Linke und den Bürgerkrieg den Versuch, meine Teilhabe an der ›gemeinsamen Abstammung‹ unter Beweis zu stellen.

Andererseits muss ich, um ganz aufrichtig zu sein, zugeben, dass meine Bildung eher deutsch als griechisch ist. Nahezu meine ganze Lektüre ist auf Deutsch erfolgt, ich fühle mich mit den deutschen Dichtern und Prosaschriftstellern wesentlich vertrauter. Ich verehre Dionysios Solomos, aber es fiele mir schwer, mich für Solomos und gegen Hölderlin zu entscheiden. Was ich über Literatur und Theater weiß, verdanke ich der deutschsprachigen Kultur und keiner anderen. Ich begann Deutsch zu lernen, weil mein Vater es so wollte, der Anfang der fünfziger Jahre zur Zeit des deutschen Wirtschaftswunders das Deutsche für die zukünftige Sprache der Wirtschaft und des Handels hielt. Er irrte sich gewaltig. Sprache der Wirtschaft, des Handels und der Börse wurde das amerikanische

Englisch. Was mich betrifft, so liebte und liebe ich das Deutsche nicht als Wirtschafts- und Handelssprache, sondern weil es mir den Zugang zur Literatur, zum Theater und zum philosophischen Denken eröffnete.

Wenn ich heute, da wir uns gut kennen, Charitos betrachte, wie er so vor meinem Schreibtisch steht, wundere ich mich manchmal über den Einfluss, den die griechische Sprache auf mich ausgeübt hat und immer noch ausübt. Zugegebenermaßen gab es für den hellenisierten Armenier aus Istanbul und den Schriftsteller, der bewusst die griechische Sprache gewählt hatte, keinen anderen Weg zu Charitos als über die Sprache. Ich habe weder die Besatzungszeit noch den Bürgerkrieg in Griechenland mitgemacht, auch das Leben der Nachkriegszeit in den ländlichen Gebieten Griechenlands war mir vollkommen unbekannt. Das einzige Vehikel, das mir für eine Annäherung zur Verfügung stand, war die Sprache. Meine Vertrautheit mit Charitos und seiner Welt basiert also auf der griechischen Sprache.

Demzufolge würde es Sören Kierkegaard einigermaßen schwerfallen, mich zu den existentiellen Schriftstellern zu zählen. So seltsam das auch klingt, meine Beziehung zu Charitos ist nicht in erster Linie existentiell, sondern familiär bedingt. Kommt Charitos meinem Vater sehr nahe, so könnte seine Frau Adriani meine Mutter sein.

Die Beziehung zwischen Charitos und Adriani ist die Beziehung meiner Eltern in abgewandelter Form, die ihrerseits unter das Modell des klassischen Kleinbürgerehepaares fällt, das bis in die siebziger Jahre die Familien im weiteren Mittelmeergebiet geprägt hat: der Vater als Familienoberhaupt, die Mutter als Herrscherin über das Haus und die Küche. Der Vater fällte alle Entscheidungen, denn wer den Bart hat (also das Geld, ob viel oder wenig, spielt keine Rolle), hat auch den Kamm, das heißt die Macht, nach Gutdünken zu rasieren und zu frisieren. Die Frau hatte zwar keine Macht (außer vielleicht die erotische) über den Mann, aber Macht über die Kinder, und sie tröstete sich mit dem alten griechischen Kinderlied: »›Mama‹ schreit das Kindlein in der Wiege, ›Mama‹ der Jüngling und ›Mama‹ der Greis«. Mit diesem Satz könnte man die Struktur der typischen Kleinbürgerfamilie beschreiben, die bis heute in vielen Gebieten Südeuropas überlebt. Die Ohnmacht der Frau im Mittelmeergebiet versuchte man dadurch zu relativieren, dass man das Wort Mutter ›heiligsprach‹. (So lautete das Motto der griechischen Nationalisten: »Mutter ist ein heiliges

Wort.«) Doch lassen wir uns nicht täuschen, diese ›männliche‹ Erfolgsgeschichte ist zum Großteil den politischen Regimen geschuldet, die jahrzehntelang in Südeuropa am Ruder waren. Mit Ausnahme von Frankreich wurden alle Mittelmeerländer von faschistischen und militärischen Regimen heimgesucht, die nicht nur die demokratischen Strukturen untergruben, sondern auch die Gleichstellung von Mann und Frau hemmten. Sie haben die Herrschaft des alles bestimmenden Mannes und Militärs zementiert. Wer für Glaube und Vaterland kämpft, bekommt als Belohnung die Herrschaft über die Familie, da das Vaterland von den Politikern und die Kirche vom Klerus verwaltet wird.

Doch ist es wirklich so? Wie wir heute wissen, gab es in diesen Regimen einen inneren Widerstand, der nicht nur politisch, sondern auch familiär war: die Auflehnung der Frau gegen den Mann.

Seit ich mich an mein Zuhause erinnern kann, geschah immer das, was meine Mutter wollte. Stellen Sie sich jedoch keine Autoritätsperson vor, die ihren Mann unterdrückte. Sie war kein ›Mannweib‹, wie man damals autoritäre Ehefrauen nannte. Sie mobilisierte all ihre charmante Überzeugungskraft und erfand unzählige Tricks, damit ihr mein Vater ja nichts abschlug. Selbst heute wundern sich meine Schwester und ich immer noch, wie es ihr gelang, stets ihren Kopf durchzusetzen. Einmal gab sie sich honigsüß, dann wieder verbittert, dann wieder seufzte sie grundlos, und jedes Mal bewegte sie meinen Vater zum Einlenken. Gewiss war das Liebesleben der Schlüssel zu dieser Beziehung. Mein Vater war zwanzig Jahre älter als meine Mutter, und vielleicht hat seitens meines Vaters so etwas wie ein ›Macbeth-Syndrom‹ den Ausschlag gegeben.

*Macbeth* zählt zu den Werken Shakespeares, die ich am meisten bewundere. Ich kenne kein anderes Theaterstück, das den politischen Mord auf brutale und gleichzeitig tragische Weise behandelt. Zugleich ist *Macbeth* aber auch eine tiefgründige Studie über das Thema des Machtmissbrauchs, da es die Beziehung zwischen Individuum und Gewalt und die schrittweise Verwandlung des Individuums durch Gewalt sowie auch die Gewissenskonflikte analysiert, welche die Ausübung von Gewalt heraufbeschwört.

Trotz meiner ganzen Bewunderung konnte mir Shakespeares Werk dennoch eine Frage nicht beantworten: Wie konnte es sein, dass Macbeth, ein ruhmreicher General und Günstling des Königs Duncan, der ihn mit Ehrungen und Würden überhäuft, sich zum Mord an dem König entschließt, um den Thron Schottlands an sich zu reißen, einzig und allein weil seine Frau, Lady Macbeth, ihn dazu auffordert? Wer würde ohne Vorbereitung und ohne Verbündete eine so große königliche Gunst aufs Spiel setzen und einen politischen Mord im Alleingang riskieren? Weil die Hexen vorhergesehen hatten, dass er König werden würde, und seinen dunklen Ehrgeiz, der ihm möglicherweise selbst nicht bewusst war, ans Licht beförderten? Kann sein, aber wie erklären sich dann sein Zögern und seine Gewissensbisse, vor und nach dem Mord? Und wie kommt es, dass ihn seine Frau von seiner Verzagtheit und seinen Zweifeln befreit? Schafft sie das, weil sie wiederholt auf seine Männlichkeit anspielt?

Die Antwort auf diese Frage lieferte eine Inszenierung von *Macbeth* durch Heiner Müller an der Volksbühne im ehemaligen Ostberlin. Dort stellte Müller die Lady als junges Mädchen dar, das in der ersten Szene Ball spielt. Und Macbeth war fünfunddreißig. Die fast noch pubertäre Lady tanzte General Macbeth, der (für damalige Verhältnisse) in fortgeschrittenem Alter war, auf der Nase herum. So erklärt sich ein Phänomen, das ich als ›Ungleichzeitigkeit der Gewissensnot‹ bei Macbeth bezeichnen würde. Unmittelbar nach dem Mord wird Macbeth von seinem schlechten Gewissen gequält, bis Banquos Geist erscheint. Und nur jenes gruselige »Mir war, als rief es: ›Schlaft nicht mehr, Macbeth, Mordet den Schlaf!‹« reicht aus, um die Wahrhaftigkeit seiner Schuldgefühle zu bestätigen. Zwischen dem dritten und dem fünften Akt vergehen fünf Jahre. Die Lady ist inzwischen älter und reifer geworden. Da wird ihr die Tat bewusst, und sie versucht, »die Hand, die endlich zurückkehrt vom grässlichen Mord, die für immer begreift«, wie Elytis sagt, vom Blut reinzuwaschen. Doch Macbeth hat sich mittlerweile von seiner Frau und von seinen Gewissensnöten gelöst. Er tötet rücksichtslos jeden, der ihm im Weg steht und von dem er glaubt, er könne ihm die Macht rauben. Diesbezüglich hat mir Heiner Müllers Inszenierung die Augen geöffnet.

Keinesfalls möchte ich nun meine Eltern mit den shakespeareschen Helden vergleichen. Wir Schriftsteller haben alle einen gewissen Hochmut, den wir üblicherweise hinter einer gespielten Lockerheit oder hinter einer falschen Bescheidenheit verbergen, aber wir wollen es nicht übertreiben. Ich will einzig damit sagen, dass der Altersunterschied bei einem Ehepaar und die erotische Abhängigkeit des Mannes von der Frau dazu führen können, das klassische Modell des Kleinbürgerpaares auf den Kopf zu stellen, weil dadurch selbst ein shakespearescher General vom rechten Weg abkommen kann.

Charitos und Adriani sind ein konventionelles Kleinbürgerpaar. Zwischen ihnen liegt kein großer Altersunterschied, und ab dem Zeitpunkt, da Katerina erwachsen wird und zum Studium nach Thessaloniki geht, unterliegt ihr Leben einer Art griechischer Beamtenroutine, die von zwei Dingen bestimmt wird: Monotonie und Sicherheit, nach dem Grundsatz »Lieber den Spatz in der Hand als die Taube auf dem Dach«. Die zwischen ihnen entstehenden Spannungen entstammen weder einer charakterlichen Unverträglichkeit noch dem Mangel an Zuneigung. Es sind Versuche, die Monotonie zu durchbrechen. Charitos stellt das bereits am Anfang des ersten Romans *Hellas Channel* fest:

»Die erste Phase des Familienlebens ist durch die Freude am Zusammensein gekennzeichnet. Die zweite Phase durch die Freude am eigenen Kind. Die dritte und längste besteht aus Rachefeldzügen. Wenn man so weit gekommen ist, weiß man, dass man endgültig im Hafen der Ehe eingelaufen ist und sich nichts mehr ändern wird. Dein Kind wird bald seine eigenen Wege gehen, und du wirst jeden Abend nach Hause kommen und wissen, dass deine Frau auf dich wartet, das Essen und die Rache.«

Bei jeder Buchvorstellung in Mitteleuropa findet sich eine Leserin, die behauptet, Charitos sei ein ›Macho‹, er benehme sich verletzend seiner Frau gegenüber, er unterdrücke sie und erpresse sie mit seinem Einkommen, da sie von Beruf Hausfrau sei. Dieses Argument habe ich unzählige Male in Deutschland, aber auch in Holland oder England gehört. Vergeblich versuche ich jedes Mal zu erklären, dies sei die Lebensweise der Ehepaare aus Charitos' und Adrianis Generation in Griechenland, vor allem wenn der Ehemann im öffentlichen Dienst beschäftigt ist und die Gattin den Haushalt betreut. Charitos benimmt sich nicht so, weil er ein ›Macho‹ ist, sondern weil es sich aus der Paarbeziehung ganz natürlich ergibt. Zum anderen setzt in vielen Dingen Adriani ihren Kopf durch.

Wenn ich einer Zuhörerschaft aus dem Mittelmeerraum diese Ansicht der Mitteleuropäer über Charitos darlege, folgt einen Moment lang Schweigen und dann der nahezu abwertende Kommentar: »Na wennschon. Was verstehen die Deutschen schon von einer südeuropäischen Familie!«

Meine Erfahrung sagt mir, dass es sich nicht um das Thema ›Beziehungen in einer südeuropäischen Familie‹ und um das fehlende Verständnis von Briten, Deutschen, Holländern oder Belgiern handelt. Vielmehr geht es um die Frage eines ›politisch korrekten‹ Verhaltens, um die in den letzten Jahrzehnten von Mitteleuropäern und Engländern ewig wiedergekäute *political correctness*. Sich ›machohaft‹ oder als ›patriarchalischer Alleinherrscher‹ zu gebärden ist politisch unkorrekt. Sich über Einwanderer oder Minderheiten abschätzig zu äußern bzw. rassistische Witze zu erzählen ist politisch unkorrekt. Die Liste ist lang, und es ist unmöglich, sich an alles als politisch unkorrekt Gebrandmarkte zu erinnern. Dabei handelt es sich nicht um irgendeine Neuentdeckung oder einen großen Fortschritt der Menschheit. Diese Verhaltensweisen waren auch früher zu verurteilen, nur dass man sie damals ungebührlich, ungehobelt, geschmacklos oder obszön nannte. Unter ›Politik‹ oder ›politisch‹ verstand man etwas völlig anderes. Hier liegt denn auch der wesentliche Unterschied. In einer Zeit der Austrocknung oder Entwertung des politischen Diskurses gilt es als Allheilmittel, politisches mit anständigem gesellschaftlichen Verhalten gleichzusetzen.

Nie zuvor waren die demokratischen Freiheiten und Bürgerrechte – zumindest in der von uns so genannten ›westlichen Welt‹ – dermaßen gut gesichert, nie wurde so viel über Menschenrechte geredet wie heute. Und dennoch forderte man nie zuvor vom europäischen Bürger im Namen der

Demokratie und der Menschenrechte ein dermaßen starres Verhalten. Von der Wirtschaft über die Politik bis zu unserem Sozialverhalten gehorcht unser Leben einer monolithischen Denkweise. Früher gingen wir auf die Straße, um zu protestieren, wenn die Rechte der Bürger mit Füßen getreten wurden. Nun hat sich im öffentlichen Leben eine fast christliche Ethik breitgemacht, und jede Abweichung wird mit Sünde gleichgesetzt. Die Menschenrechte wurden von einer Errungenschaft zu einer leeren Formel, die von jedermann im Munde geführt wird, und die Demokratie zu einem Exportartikel wie jeder andere.

Als meine Schwester meinen dritten Roman, *Live!*, las, rief sie mich an und meinte überrascht: »Sag mal, Adriani ist doch wie unsere Mutter. So hat sie uns auch unterdrückt, wenn wir krank waren.«

Sie hat recht, denn als ich diese Szene schrieb, hatte ich meine Mutter vor Augen. Wenn wir krank wurden, mussten wir neben der Krankheit auch noch ihre Bevormundung ertragen. Sie quälte uns aus Angst, uns könnte das Schlimmste zustoßen, wenn sie sich nicht genug um uns kümmerte.

Im ersten Roman, *Hellas Channel*, war Adriani meiner Mutter noch nicht so ähnlich. Ihr größtes gemeinsames Merkmal bildeten die gefüllten Tomaten, die bereits mit dem ersten Roman in den Kreis der auserwählten Speisen aufstiegen, die so oft in Kriminalromanen eine tragende Rolle spielen. Heute sind die gefüllten Tomaten meiner Mutter bzw. Adrianis sogar in Kochbüchern angeführt, die Rezepte aus Kriminalromanen vorstellen, wie etwa in Montse Clavés *Manual Práctico de cocina*, das im Verlag der auf Kriminalliteratur spezialisierten Buchhandlung *Negra y Criminal* in Barcelona herausgegeben wurde.

Meine Mutter bereitete hervorragende gefüllte Tomaten zu, und zwar nach dem Rezept der Konstantinopler Griechen, das sich vom griechischen dadurch unterscheidet, dass es viel mehr Zwiebeln, zahlreiche Gewürze, Rosinen und Pinienkerne enthält. Je mehr Zwiebeln, desto besser – so die Devise meiner Mutter. Auf drei Kilo Tomaten und ein Kilo Paprika kamen bei ihr anderthalb Kilo Zwiebeln. Wenn eine Athener Nachbarin einmal gefüllte Tomaten zubereitete, fragte sie zuallererst danach, wie viel Zwiebeln sie verwendet hatte. Und wenn die Nachbarin dann antwortete, drei, kommentierte sie abfällig: »Und mit drei Zwiebeln wollen Sie gefüllte Tomaten zubereiten?«

Des Öfteren begegnet man auf Speisekarten Gerichten, deren Zubereitungsart sich auf unsere Großmütter beruft: Buletten, Hackfleischröllchen oder Käsetaschen ›nach Großmutters Art‹. Die Großmutter symbolisiert hier das Hausgemachte und das Althergebrachte. Bei uns zu Hause gab es die ›Gefüllten Tomaten nach Großmutters Art‹, und das meine ich wortwörtlich. Meine Tochter flehte ihre Großmutter bei jeder Gelegenheit an, ihr gefüllte Tomaten zuzubereiten, wobei sich jedes Mal folgender Mini-Einakter abspielte:

ENKELIN: Oma, wann machst du mir gefüllte Tomaten?

GROSSMUTTER: Ach, ich kann nicht. Das ist sehr aufwendig, und ich alte Frau stehe das nicht mehr durch.

ENKELIN: Komm, Oma! Ich bitte dich!

GROSSMUTTER: Es geht nicht, sage ich dir.

ENKELIN: Komm schon, schlag mir das nicht ab!

GROSSMUTTER: Na gut, aber damit du es weißt: Das ist das letzte Mal.

Es war immer das vorletzte Mal, und die Großmutter lehnte nicht ab, weil sie sich zu alt dafür fühlte, sondern weil sie sich als Starköchin ein wenig bitten lassen wollte.

Es lässt sich also leicht erklären, warum ich die gefüllten Tomaten zu Charitos' Lieblingsspeise erkoren habe. Ihre Bedeutung habe ich noch verstärkt, indem ich sie zum Symbol eines Versöhnungsrituals zwischen den Ehepartnern gemacht habe. Immer wenn Adriani ihrem Mann signalisieren will, dass ein Streit vorbei oder ein Missverständnis ausgeräumt ist, bereitet sie ihm seine Lieblingsspeise zu.

Das ist der eine Grund für die Existenz der gefüllten Tomaten. Es gibt jedoch noch einen zweiten, der mit dem Verhältnis zwischen Kochen und Kriminalroman im Allgemeinen zu tun hat, insbesondere mit der Bedeutung des guten Essens im mediterranen Kriminalroman.

Möglicherweise sind nicht alle Detektive und Kommissare des Mittelmeerraums so ausgezeichnete Köche wie Pepe Carvalho, der Held von Manuel Vázquez Montalbán, doch alle haben eine Schwäche für gutes Essen und lieben es, dabei über die Stränge zu schlagen. Andrea Camilleris Kommissar Montalbano kennt jede kleine Trattoria in Sizilien, in der gutes Essen und guter Wein serviert werden. In Jean-Claude Izzos Romanen geht man nicht nur in den Tavernen von Marseille ein und aus, sondern wird auf Schritt und Tritt von den herrlichen Düften nach Fisch und Meeresfrüchten betört.

Alle werden zustimmen, dass diese Schwäche der spanischen, italienischen und französischen Polizeibeamten und Privatermittler in der Schlemmertradition des Mittelmeerraums begründet ist.

Aber die Beziehung des Kriminalromans zum Essen ist keine mediterrane Erfindung. So seltsam es sich auch anhört, eingeführt wurde sie von einem belgischen Autor, nämlich Georges Simenon. Sein Held, Kommissar Maigret, ist der erste kriminalistische Gourmet, und er ist mit einer herausragenden Köchin verheiratet: Madame Maigret.

Detailreich beschreiben Krimiautoren die Trinkgewohnheiten und Esstraditionen der Länder, aus denen sie selbst und ihre Hauptfiguren stammen. Spanien, Italien, Frankreich, aber auch Belgien haben eine große Kochtradition. Im Gegensatz dazu sind die gastronomischen Bedürfnisse der Briten und Schweden eingeschränkt, um nicht zu sagen: Essen ist für sie ein notwendiges Übel. Wenn ich Henning Mankells unglücklichen Wallander sehe, wie er Sandwiches vertilgt, oder Ian Rankins ansonsten grundsympathischen Detective Inspector Rebus, wie er sich mit Pizza über Wasser hält, stimmt mich das abgrundtief traurig.

Selbst englische oder amerikanische Autoren, die im Mittelmeerraum leben oder über mediterrane Länder schreiben, können so unterschiedlich sein wie Tag und Nacht. Donna Leon hat sich, obwohl sie Amerikanerin ist, vollkommen den Essgewohnheiten ihres Helden, Commissario Brunetti, angepasst. Bei Brunettis wird häufig gekocht. Und die Tatsache, dass Frau Brunetti Universitätsprofessorin ist, hält sie überhaupt nicht davon ab, die Schürze anzuziehen und in der Küche zu walten. Hingegen scheint Aurelio Zen, Michael Dibdins Kommissarfigur, keine besondere Schwäche für die Gastronomie zu haben. Er wird zwar von Rom nach Neapel versetzt, zeigt jedoch nicht die geringste Neugier für die neapolitanische Küche.

Und dennoch gibt es einen amerikanischen Krimischriftsteller, in dessen Romanen die täglichen Mahlzeiten zelebriert werden. Es handelt sich um den heute fast vergessenen Rex Stout und seinen Helden Nero Wolfe, einen übergewichtigen Privatdetektiv, der niemals aus dem Haus geht, außer es lockt die Gelegenheit, eine außergewöhnliche Speise zu probieren. Die außerhäusliche Drecksarbeit erledigt sein Gehilfe Archie Goodwin, der in den Romanen auch als Erzähler fungiert. Zwei Tätigkeiten erfüllen Nero Wolfe: die Orchideenzucht und das tägliche Menü, das er ausgiebig mit seinem Schweizer Koch Fritz bespricht.

Mit den türkischen Krimiautoren ist es ein wenig seltsam. Nur wir Griechen scheinen uns an der Konstantinopler Küche zu begeistern, nur wir scheinen bei jeder sich bietenden Gelegenheit in Hünkar Beğendi (Lammfleisch in Auberginenpüree) oder Yoğurtlu zu schwelgen. Die Krimiautoren unseres Nachbarlandes ignorieren diese Genüsse augenfällig. Wer – so wie ich – die türkische Küche etwas besser kennt, weiß, dass sie nicht nur aus Mezze besteht, sondern aus einer Mischung aus mediterranen und orientalischen Einflüssen, mit vielen in Öl gekochten Speisen, gefülltem Gemüse und Blätterteigtaschen und natürlich unzähligen Kebap-Varianten. Nichts von alledem scheint Kati Hirschel, Esmahan Aykols deutsch-jüdische Heldin zu verlocken – sie isst Toasts. Und was Remzi Ünal betrifft, Celil Okers Privatdetektiv, so wandelt er auf Wallanders und Rebus' Spuren und ernährt sich von Sandwiches und Pizza.

Und was ist mit Griechenland? Oder mit Adriani und Charitos, wenn Sie so wollen? Sie stehen irgendwo in der Mitte zwischen der Türkei und den übrigen Mittelmeerländern. Geographisch gesehen gehört Griechenland zwar zum Mittelmeerraum, teilt jedoch die gastronomische Tradition der Italiener, Spanier oder Franzosen nicht. Unsere Küche ist eine Spielart der orientalischen Küche, die von den Griechen aus Kleinasien und Konstantinopel mitgebracht wurde. Obwohl Charitos' Wurzeln ganz woanders liegen, sind seine Lieblingsspeisen traditionell kleinasiatisch: gefüllte Tomaten und Auberginen Imam. Fisch isst er nur selten, was meine italienischen und spanischen Leser befremdet. Da Charitos vom Lande und aus armen Verhältnissen stammt, hat er eine große Schwäche für Gemüsegerichte. Wer aus derselben Generation stammt wie ich, weiß, dass Fleisch in den griechischen ländlichen Gebieten der Nachkriegszeit, in der Charitos aufwuchs, ein Festtagsessen war und nur zu Weihnachten und Ostern serviert wurde. Wir Griechen verstehen es hervorragend, Fisch vom Grill zuzubereiten, aber sonst können wir mit Fisch nicht wirklich etwas anfangen, obwohl wir ein Land der Inseln sind. Die einzigen mir bekannten einschlägigen Gerichte sind die Fischsuppe Kakavia, die griechische Variante der Bouillabaisse, Fisch Spetsiota – im Ofen gebraten mit Tomatensoße, Knoblauch und Petersilie – und vielleicht noch gefüllte Kalamari.

Wahrscheinlich sollte ich in diesem Zusammenhang auf ein gemeinsames Merkmal aller Kommissare und Detektive aus dem Mittelmeerraum eingehen. Man könnte es ›Mutter-Syndrom‹ nennen. Carvalhos oder Montalbanos Leidenschaft für leckeres Essen hat nicht nur mit der traditionell guten Küche der Italiener oder Spanier zu tun, sondern auch mit dem Elternhaus. Diese Figuren und ihre Schöpfer sind in Familien groß geworden, in denen die Mütter selten arbeiten gingen und daher die absoluten Herrscherinnen über den Haushalt waren. Und das Niveau eines traditionellen Haushalts wird viel weniger an der herrschenden Reinlichkeit und Ordnung gemessen als am Essen, das auf den Tisch kommt. In der mediterranen Überlieferung ist eine gute Ehefrau und Mutter vor allem eine gute Köchin. Diese Regel gilt für den gesamten Mittelmeerraum, von Spanien bis zur Türkei.

Charitos liebt gefüllte Tomaten und Auberginen Imam, weil er sie bei seiner Mutter gegessen hat. Seine Frau Adriani hat die Zubereitung seiner Lieblingsspeisen bei ihrer Schwiegermutter erlernt. So wurde in den Häusern, wo die Frauen sich mit dem Haushalt beschäftigten und das Essen eine Bestätigung ihrer hausfraulichen Überlegenheit war, die Kochrezepte von einer Generation an die nächste weitergegeben. Die Mutter brachte der Tochter die Kochkunst bei. Dann durchlief die Tochter und künftige Gattin ein Seminar an der Seite der Schwiegermutter, um die Zubereitung der Lieblingsspeisen ihres Mannes zu erlernen. Der Mann ging von der Obhut der Mutter in die der Ehefrau über und war von ihr – nicht nur was sein Dasein als Gourmet betraf – bald genauso abhängig wie früher der Sohn von der Mutter.

Die jüngeren Generationen haben auch im

Mittelmeerraum ihre Gewohnheiten geändert. Die Frauen sind auch dort nicht mehr ausschließlich für den Haushalt zuständig. Aber die Detektive und Kommissare wie Carvalho, Montalbano oder Charitos sind jetzt um die fünfzig. Das heißt, sie gehören zu einer Generation, die in traditioneller Weise aufgewachsen ist. Charitos ist verheiratet, Camilleris Held Montalbano und Montalbáns Held Carvalho leben allein. Der Erste hat eine Freundin, die in einer anderen Stadt wohnt, während der Zweite eine lose Beziehung zu einer Edelprostituierten pflegt. Doch beide haben sich an gutes Essen gewöhnt und niemals die Nabelschnur zur guten Küche durchtrennt.

Im Gegensatz dazu ist mir bei keinem skandinavischen Autor, weder bei Henning Mankell noch bei Liza Marklund, noch bei der Norwegerin Karin Fossum ein Kommissar oder Detektiv untergekommen, der eine Schwäche fürs Essen hätte. Ich glaube, dass dieses Fehlen mit den Familien zu tun hat, aus denen diese Autoren und auch ihre Helden stammen. In Gesellschaften, in denen der Begriff der Hausfrau schon früh an Bedeutung verloren hat, ist gleichzeitig auch die Küche als Ort verschwunden, wo die gastronomische Grundausbildung stattfindet. Die Gleichberechtigung von Mann und Frau ist in den Mittelmeerländern zwar erst spät realisiert worden, doch die Küche und die Speisen haben davon profitiert. Carvalho, Montalbano und Charitos sind in gleichermaßen rückständigen Gesellschaften aufgewachsen und wissen daher gutes Essen zu schätzen.

Ich habe diesen ausführlichen Spaziergang durch Istanbul, Griechenland und den Mittelmeerraum unternommen, um aufzuzeigen, wie ähnlich die familiären wie gastronomischen Ursprünge mediterraner Autoren sind und wie sie in den Romanen zum Ausdruck kommen.

Katerina hingegen, Adrianis und Charitos' Tochter, teilt die Vorlieben ihrer Mutter überhaupt nicht. Nicht nur weil sie eine moderne junge Frau und Juristin ist, sondern weil ich an Katerina zeigen wollte, welche Wunderkinder aus griechischen Familien hervorgehen können. Es sind Kinder, die aus armen Elternhäusern, in denen gerade mal die elementarsten Kenntnisse vorhanden waren, aus bäuerlichen Gegenden oder aus Familien unterbezahlter Beamter stammen und es bis an die Universität schaffen und bedeutende Wissenschaftler, Unternehmer oder Manager werden. Katerinas Erfolg ist für mich ein doppeltes Wunder: Die eine Hälfte betrifft Charitos, der als einfacher Polizeibeamter vom Lande Vertrauen in die Hochschulbildung entwickelte und seine Tochter studieren lässt, und die andere Katerina, die es aus einfachen Verhältnissen bis zur Promotion bringt. Eine ausführlichere Erklärung kann man, wenn man will, im ersten Kapitel meines Romans *Der Großaktionär* nachlesen.

Mein Schwager, Professor am Polytechnikum, erzählte mir wie zur Bestätigung vorgestern den Fall einer Studentin, die, aus einem Dorf bei Nafpaktos stammend, den Abschluss des Polytechnikums schaffte und an einer der besten französischen Universitäten aufgenommen wurde. Heute befindet sie sich mit einem Stipendium der französischen Universität an der Bank of Tokyo, einer der größten Banken der Welt, und befasst sich mit Risikoanalyse. Als ich diese Geschichte hörte, war ich genauso stolz auf diese junge Frau, die ich nie gesehen habe, wie auf Katerina, Kostas Charitos' Tochter.

Ich bin ein Stadtmensch. Genauer gesagt, ein Innenstadtmensch. Ich kann abseits vom Zentrum, am Stadtrand oder in den Vorstädten nicht leben. Einmal habe ich es versucht, ich bin von der zentralen Voukourestiou-Straße in den Vorort Polydrosso gezogen, und ich habe sieben Jahre in schwärzester Depression verlebt. Bis ich ins Zentrum zurückzog und wieder gesundete. So geht es mir nicht nur mit den Städten, in denen ich gelebt habe, sondern auch mit den Städten, die ich besuche. Jegliche Ausflugsvorschläge oder Besuche von Sehenswürdigkeiten im Umland sind mir eine zentnerschwere und nervenaufreibende Last, selbst wenn sie mich nur wenige Stunden von meinen urbanen Streifzügen abhalten.

Vielleicht sollte ich gleich von vornherein einige meiner Gewohnheiten klarstellen, die ich beim Besuch fremder Städte entwickelt habe. Ich gehe niemals in Museen, nicht einmal in Ausnahmefällen. In Gemäldegalerien oder Ausstellungen gehe ich nur in Notfällen. Denken Sie nicht, das hätte mit der üblichen Haltung des Intellektuellen zu tun, der sich durch Museumsbesuche als Pauschaltourist abgestempelt fühlt. Es hat mit dem Duft der Stadt zu tun. In Museen kann man Kunst schnuppern, aber nicht die Stadt. Wie eine Stadt riecht, erfährt man auf den Straßen. Paris, Barcelona, Rom sind die Straßen, die man in ziellosen Wanderungen durchstreift, sie sind die Häuser, Fußgänger und Fahrzeuge, die Menschen in den Straßenbahnen, Bussen oder U-Bahnen, die man dort sieht. In Paris kann ich einfach nicht genug davon bekommen, am Boulevard Montparnasse oder auf der Île Saint-Louis spazieren zu gehen. Und jedes Mal spüre ich dasselbe innere Frohlocken, wenn ich Las

Ramblas in Barcelona überquere, zum Meer gelange, nach links abbiege und meine Wanderung die Strandpromenade entlang bis La Barceloneta fortsetze.

Wie viele verschiedene Gesichter eine Stadt haben kann! Auch wenn es seltsam klingt: Der erste große fühlbare Unterschied entsteht für mich durch die Verkehrsmittel. Eine Stadt, in der viele Fahrräder unterwegs sind, hat einen dementsprechenden Charakter. Cremona z. B., dessen Straßen von Fahrrädern überquellen, unterscheidet sich dadurch von Rom. Und zwar nicht nur, was die Stadtplanung oder Architektur betrifft, sondern auch in der Atmosphäre. Ähnlich verhält es sich mit Amsterdam, vergleicht man es mit Berlin.

Oder nehmen wir die Straßenbahnen: Mitteleuropäische Städte mit einem Netz wie Wien, Prag oder Zürich haben ein ganz anderes Flair als englische oder französische Städte. Ich meine dabei natürlich ein ausgebautes, von der Bevölkerung ausgiebig genutztes Straßenbahnnetz und nicht so ein Sparmodell wie in Athen.

Ein anderes Phänomen, das ich bei meinen Streifzügen beobachte, ist folgendes: wie sehr sich – vor allem in den letzten fünf Jahren – die nördlicher gelegenen Städte der mediterranen Lebensweise angenähert haben. Wenn man zufällig an einem sonnigen Tag in München ist, wähnt man sich in Athen oder in einer anderen Stadt am Mittelmeer. Überall stehen Tische und Sonnenschirme draußen, und die Leute fläzen sich auf den Stühlen wie in Rom, Athen oder Madrid. Bis vor fünf Jahren verband man dort das Kaffeetrinken mit geschlossenen Räumen. Heute sind besonders die Deutschen so sehr von Mallorca, den Kanarischen Inseln, Sizilien oder den Kykladen beeinflusst, dass sie das dortige Flair mitnehmen in die Städte, in denen sie leben. Das hat auch den Charakter der Deutschen verändert. Sie sind offener, lockerer und freundlicher geworden. Sie haben ihre Verschlossenheit und ihre bürokratische Pedanterie überwunden.

Immer wieder wundere ich mich über Griechen, die heute noch das Bild des gefühlskalten, steifen und förmlichen Deutschen heraufbeschwören, so wie sie es von ihren Großeltern aus der Besatzungszeit übernommen haben, während dieses Bild schon längst nicht mehr der Wirklichkeit entspricht und nur noch in ihrer festgefahrenen Ideologie und in ihren Vorurteilen existiert.

Meine Vorliebe für die großen urbanen Zentren ist wohl hauptsächlich auf die Verhältnisse zurückzuführen, in denen ich aufgewachsen bin. Ich wurde auf Chalki oder Heybeliada, der dritten der vier bewohnten Prinzeninseln geboren. Zu jener Zeit spielte sich das Leben einer Konstantinopler Familie aus einer ethnischen Minderheit in zwei Häusern ab: in der Wohnung in Istanbul und im Landhaus. Zwei Drittel des Jahres verbrachte man in Istanbul und ein Drittel in der Sommerfrische.

Obwohl nicht wenige den Sommer an den Stränden des Bosporus, in Therapia (Tarabya) oder Mega Revma (Arvanutköy) verbrachten, so fuhr doch die große Mehrheit auf die Prinzeninseln. Und hier gab es folgende Verteilung: Proti (Kinaliada), die erste der Prinzeninseln, galt und gilt auch heute noch als ›Armeniertreff‹. Antigoni (Burgaz) hingegen war die Insel, auf der hauptsächlich Konstantinopler Griechen Ferien machten. Chalki und Prinkipos (Büyükada), die beiden größten Inseln, beherbergten eine bunte Mischung von Sommerfrischlern – Griechen, Armenier und Juden. Während man auf Chalki die kleinbürgerlichen Schichten antraf, machten auf Prinkipos die Großbürger Ferien.

Normalerweise war die Wohnung in Istanbul Eigentum und das Ferienhaus gemietet. In meiner Familie war es genau umgekehrt. Gemietet war die Wohnung in Istanbul und Eigentum das Haus auf Chalki, mein Elternhaus.

Dann kamen die finsteren Jahre zwischen 1942

und 1944, als die berüchtigte Vermögenssteuer erhoben wurde, und alles veränderte sich. Um in wenigen Worten eine große und tragische Geschichte zusammenzufassen: Im Herbst 1942 beschloss die türkische Regierung, die großen Vermögen zu besteuern. Als Vorwand dienten die kriegsbedingten Verteidigungsausgaben, doch das tatsächliche Ziel war die ›Türkifizierung‹ des Kapitals und der großen Unternehmen. Deshalb traf das Gesetz die Minderheiten sowie auch die Wirtschaftskraft Istanbuls, die in der Hand der Minderheiten lag, mit besonderer Wucht. Im Januar 1943 begann die Versteigerung derjenigen Vermögen, deren Besitzer nicht in der Lage waren, die vom türkischen Staat auferlegte, irrwitzig hohe Steuer zu entrichten. Wenn selbst der Versteigerungserlös für die Abgaben nicht ausreichte, wurden die Steuerpflichtigen zur Zwangsarbeit ins tiefste Anatolien geschickt, in das berüchtigte Aşkale. Der Name ruft bei den älteren Konstantinopler Griechen noch heute Angst und Schrecken hervor.

Meinem Vater gelang es, mit Darlehen und mit der Hilfe von Freunden die Steuer zu bezahlen und dem Schlimmsten zu entgehen. Doch war er nun verschuldet und stotterte die Raten ein Jahrzehnt lang ab. Die Familie verließ die Wohnung in Istanbul und übersiedelte in das Elternhaus nach

Chalki. Dort besuchte ich die Grundschule und im Anschluss daran die ersten fünf Jahre des Istanbuler St.-Georg-Kollegs, des österreichischen Gymnasiums, dessen Name von den Angehörigen der Minderheiten und den Türken französisch *Saint Georges* ausgesprochen wurde.

Der Grundschule, der »Bürgerschule Chalki«, verdanke ich das Griechisch, dem ich wiederum mein Schriftstellerdasein verdanke. Den beiden Lehrerinnen Mademoiselle Chrysanthi und Mademoiselle Xanthippi, zwei unverheiratet gebliebenen Schwestern; Herrn Apostolos, der seine linke Hand mit geballter Faust nach vorne streckte, um nach der Zeit zu sehen und uns dabei seine nagelneue Uhr zu zeigen; und dem Schulleiter Herrn Ikonomidis, der uns Arithmetik beibrachte und der, wenn ich mich verrechnete, stets zu mir sagte: »Petros, Petros! Willst du mir ein X für ein U vormachen?« Meine Französischkenntnisse, mit denen ich mich in so vielen Ländern durchschlage, stammen von Mademoiselle Xanthippi, die mit ihrer Schwester jeden Morgen vom anderen Ende der Insel – *Çam Limanı* oder auf griechisch *Pefkolimano*, dem »Hafen der Kiefern« – aufbrach, um bei Wind und Wetter eine halbe Stunde Fußmarsch zur Schule auf sich zu nehmen und am Nachmittag eine weitere halbe Stunde nach Hause. Wie alle

Kinder langweilten wir uns im Unterricht, und alle naselang hob einer von uns die Hand, um die Verrichtung seiner Notdurft vorzuschützen: »Mademoiselle Chrysanthi, darf ich austreten?« Bis die Frage im Lauf der Zeit schließlich, immer und immer wieder benützt, die verballhornte Form annahm: »Mademoiselle Charysanthi, Austritt bitte.«

Als ich nach etlichen Jahren wieder zum Schulgebäude ging, öffnete mir ein arabischer Kopte, der als Wächter dort arbeitete, die Tür. Die Schule war geschlossen worden. Ich ging in den oberen Stock hoch, wo ein langer Korridor und rundum die Klassenzimmer lagen. Das Erste, was ich vis-à-vis von der Treppe erblickte, war Herrn Ikonomidis' Büro – der Schreibtisch zerborsten, Papierfetzen ringsum verstreut, der verglaste Bücherschrank zu Brennholz zerkleinert. Die Klassenräume waren verwüstet, die Bänke zertrümmert, auf dem Boden lagen alte Schulbücher verstreut. Ein Bild des Verfalls und der Zerstörung. Die einzige noch intakte Klasse war diejenige, die der Wächter zum Schlafraum umgewandelt hatte.

Ich blieb in der Mitte des Flurs stehen, blickte in die rundum liegenden Klassenzimmer, und es war mir unmöglich, die Tränen zurückzuhalten. Es war, als läge in diesen Überresten auch meine Sprache verschüttet, die mir doch in dieser Schule beigebracht worden war. Ich wollte nacheinander in alle Klassenzimmer treten, sie aus der Nähe betrachten, die herumliegenden, zerfetzten Bücher durchblättern, doch der Wächter zupfte mich am Ärmel.

»Komm, gehen wir, denn wenn Aufseher dahinterkommen, dann wird beese.«

Ich weiß nicht, was mich mehr störte: seine unerträgliche Beharrlichkeit oder sein elendes Griechisch, das er an dem Ort von sich gab, an dem ich die Sprache, in der ich Bücher schreibe, gelehrt wurde. Jedenfalls wandte ich mich irgendwann entnervt zu ihm um: »Ich gehe, wann es mir passt! Hol mir den Aufseher her, lass mich aber in Frieden! Und sag ihm, wenn er kein Griechisch spricht, dann rede ich Türkisch mit ihm!«

Als er mich so wütend sah, erschrak er, machte kehrt und ging mit schnellen Schritten davon. Damit wollte er, wie jeder komplexbeladene Mensch, seiner Empörung Ausdruck verleihen, während ich mir plötzlich wie einer jener Fahrgäste vorkam, die sich mit dem Schaffner anlegen, weil der Bus nicht pünktlich ist.

Hier endet mein kleiner Exkurs, und ich komme wieder auf meine Einsamkeit zu sprechen. Die Einsamkeit des Insellebens war mir, solange ich noch in die Grundschule ging, nicht bewusst. Sommers wie winters wohnte ich auf Chalki, spielte mit den Kindern der Bürgerschule und mit den Nachbarskindern, kleinen Griechen und Türken. In der warmen Jahreszeit kamen noch die Kinder der Familien hinzu, die zur Sommerfrische anreisten. Es war ein »Idyll«, dessen Einsamkeit weniger ich zu spüren bekam als vielmehr meine Mutter.

Meine eigene Einsamkeit begann mit der Oberschule. Von Montag bis Samstag bestieg ich jeden Morgen das Linienschiff auf Chalki und fuhr anderthalb Stunden nach Galata, wie die Konstantinopler Griechen sagten, oder Karaköy, wie die Türken dieselbe Gegend nannten. Die Schule lag etwa zehn Fußminuten entfernt in der Nähe des Koula, des Galata-Turms. Um 15.30 Uhr war die Schule zu Ende, und ich stieg wieder auf das Linienschiff und kehrte auf die Insel zurück.

Dieses tägliche Hin und Her zwischen einer quicklebendigen Metropole und einer spärlich bewohnten Insel verstärkte meine Einsamkeit. Ich hatte das Gefühl, ein ungerechtes Schicksal zu erleiden, aber auch Neid auf meine in Istanbul lebenden Mitschüler beschlich mich. Und jeden Samstag wuchs dieser Neid ins Unermessliche. In den Pausen hörte ich, wie sich meine Mitschüler fürs Wochenende verabredeten – die einen gingen ins Kino, die anderen auf eine Party, oder man traf sich zum

Stelldichein in einer Konditorei – und ich wusste, dass ich in wenigen Stunden auf das Schiff steigen und in Chalkis winterliche Einsamkeit zurückkehren würde.

Was unternimmt ein fünfzehnjähriger junger Mann, der das Wochenende auf einer anderthalb Stunden von Istanbul entfernten Insel verbringen muss, die tausend Einwohner, aber keine Autos, kein Kino, keine Konditorei hat, nur drei Kafenions, die der männlichen Inselbevölkerung zum Preferance-Spiel dienten? Er schwingt sich auf sein Fahrrad und fährt durch die Gegend. Er sitzt an verlassenen Stränden und versenkt sich in den Anblick des aufgewühlten Meeres. Und er wartet ungeduldig auf den Sonntagnachmittag, wo der Kinosaal der Kadettenschule für die Inselbevölkerung geöffnet wird und er sich mit seinen paar Freunden einen Film anschauen kann. Jeder Montag war für mich wie eine Erlösung.

Die größte Tristesse befiel mich jeweils beim Übergang von der Sommer- zur Wintersaison. Im Sommer belebte sich Chalki mit Feriengästen. Ein Grüppchen nach dem anderen traf ein, und der ›Sommerfahrplan‹ trat in Kraft: Vormittags ging man zusammen baden, nachmittags spielte man Fußball oder Volleyball, und abends flanierte man am *Debarkader* entlang, der ›Ausstiegsstelle‹, wie auf Sephardisch das Stück Küstenstreifen genannt wurde, das von der Schiffsanlegestelle bis zum ›Maniadakis-Haus‹ reichte. Tatsächlich gehörte das Haus der Familie des berüchtigten Maniadakis, der unter dem Diktator Metaxas Polizeivizechef gewesen war. Darin wohnte die letzte Nachfahrin der Familie, Olga Maniadaki, die mit unserer Familie freundschaftlich verbunden war.

Am Samstagvormittag gingen die Familien jeweils spazieren und tranken in Ajisilaos' oder Etems Kafenion ihren Kaffee. Die Mädchen folgten dann dem Rest der Familie und spazierten vom Chalki Palace bis zur Militärschule für Fernmeldetechnik. Für die Jungen war dies die Stunde der Fahrräder. Wir fuhren mit Schwung den Abhang hinunter, wobei wir akrobatische Kunststückchen vollführten, um die Mädchen zu beeindrucken.

Am Samstagnachmittag hatten wir Ausgang: Mit dem Schiff setzten wir nach Prinkipos über. Zunächst einmal gafften wir ein bisschen den Mädchen aus den gutbürgerlichen Familien hinterher, während sie die Landungsbrücke entlangspazierten, und danach landeten wir im Gartenlokal des Hotel Splendid, um uns dort der Illusion hinzugeben, auch Großbürger zu sein, indem wir Gin Fizz, Gin Tonic oder Wodka mit Zitrone tranken.

Gegen Ende September wurden die Besucher

der Insel mit einem Mal spärlicher. Eine Familie nach der anderen packte ihre Koffer, um sich auf den winterlichen Alltag vorzubereiten. Die herbstliche Leere der Insel, die sich langsam von einer äußerlichen und realen in eine innerliche und private verwandelte, ist das intensivste Gefühl der Leere, das ich in meinem ganzen Leben empfunden habe. Dort, wo sich noch wenige Tage zuvor die sommerlichen Grüppchen getroffen hatten, war nun alles wie ausgestorben. Die Tage wurden kürzer, die Abende brachen früh herein und mit ihnen auch das Gefühl vollkommener Stille. Voller Furcht erwartete ich die Wintertage, wenn die ganze Familie, sobald Schritte auf der Straße zu hören waren, ans Fenster lief, um nachzusehen, welcher unbekannte Fremdling sich hierher verirrt hatte.

Die Schule bot auch hier einen Ausweg. Ich lebte zwar nicht in Istanbul, besuchte die Stadt jedoch tagtäglich, obwohl sich meine Route gerade mal von der Galata-Brücke bis zum Galata-Turm erstreckte. Ab der vierten Klasse des Gymnasiums blieb ich samstags ein wenig länger in Istanbul und ging ins Kino. Essen gingen wir ins Atlantik, das riesige Schnellrestaurant mitten in Pera, das eine immense Auswahl an Sandwiches, Säften, Ayran und Bier anbot. Danach besuchten wir die Vier-

Uhr-Vorstellung. Selbst wenn ich gewollt hätte oder es mir von meinen Eltern erlaubt worden wäre, hätte ich nicht länger bleiben können, weil das letzte Schiff zurück auf die Prinzeninseln samstags um halb acht abfuhr. So bestieg ich das Passagierschiff jeweils just in dem Augenblick, wenn ganz Pera sich für den Samstagabend zurechtmachte und meine Freunde diskutierten, ob sie in die nächste Kinovorstellung oder lieber ins Saray auf eine Süßigkeit gehen sollten.

Als sich nach Jahren die finanzielle Situation meines Vaters wieder besserte und wir im Winter wieder nach Istanbul übersiedeln konnten, ging ich in die siebte Klasse des Gymnasiums. Zum ersten Mal verlor ich die Freunde nicht, die ich im Sommer gewonnen hatte, sondern konnte die Freundschaften in Istanbul weiterpflegen. Der Faden wurde im September nicht mehr durchtrennt, sondern hielt uns das ganze Jahr über verbunden.

Das war die ›öffentliche‹ Seite meines jugendlichen Lebens. Nach unserem Umzug nach Istanbul kam es auch zu einer anderen, ›privaten‹ oder ›geheimen‹ Seite, wie ich es damals nannte. Immer wieder streifte ich allein durch die Straßen und tauchte in die verschiedenen Gegenden und Wohnbezirke des Zentrums ein, die ich nun zum ersten Mal erforschte. Das Zentrum der Stadt war schon damals, als ihre Bevölkerung anderthalb Millionen kaum überstieg, riesig. Es erstreckte sich vom Goldenen Horn bis nach Beşiktaş und von Galata bis nach Şişli. Vom Taxim-Platz konnte man sich auf einige längere und packende Entdeckungsreisen machen, nämlich mit dem Bus das europäische Bosporusufer entlang bis nach Sarıyer. Die beiden Brücken, die heute Ost- und Westufer des Bosporus verbinden, waren damals noch nicht gebaut. Notgedrungen fuhr man mit dem Boot zum Ostufer hinüber, das unberührter und schöner war, gelangte bis Kanlıca und saß dann am Strand und genoss den berühmten Joghurt.

Heute ist die Unschuld des Ostufers zerstört, durch anarchische Bautätigkeit vergewaltigt, der Joghurt von Kanlıca wird industriell gefertigt und im Plastikbecher serviert, wie auch der Ayran, den man früher an jeder Ecke Istanbuls mit einem großen Schöpflöffel serviert bekam und der heute nur mehr in Plastikflaschen erhältlich ist. Offenen Ayran findet man heutzutage leichter in Athen als in Istanbul.

Meine Liebe zu den Stadtzentren und ihrer Erforschung stammt aus dieser Zeit. Stundenlang durchstreifte ich Istanbul, suchte jede Ecke ab, die man nicht auf den ersten Blick entdeckt und die sich erst nach längerem Suchen offenbart. Doch vor allen anderen Dingen hatten es mir die Gerüche der Stadt angetan.

Ich hatte das große Glück, in meinem Leben viel zu reisen. Ich glaube nicht, dass ich je in einer Stadt war, die so viele und so unterschiedliche Düfte ausströmt wie Istanbul. In Marseille oder in Sizilien riecht es nach Fisch und Meeresfrüchten. In den gepflasterten Gässchen des Judenviertels in Barcelona sind es wieder andere Gerüche, die einem in die Nase steigen, noch mal andere in den Städten am Rhein.

Manche werden zu Recht an dieser Stelle auf Kairo oder Alexandria verweisen. Ich stimme zu und füge noch die Kasba von Algier, Damaskus oder Tanger hinzu. Doch Istanbul ist einzigartig. Kein Wunder, dass die Konstantinopler Griechen sie weder Konstantinopel noch Istanbul nennen, sondern – mit dem griechischen Wort für Stadt – die unverwechselbare ›Poli‹.

Ja selbst der türkische Ortsname Istanbul hat byzantinische Wurzeln und kommt von griechisch »eis tin Polin« (»in die Stadt«). Daraus ist dann Istanbul geworden.

Die einen nennen Istanbul die ›Herrscherin‹ – wie die Byzantiner –, die anderen bezeichnen sie als Drehkreuz zwischen Orient und Okzident. Für mich ist sie die Stadt der Düfte geblieben. In

Istanbul hat jede Gegend, jeder Wohnbezirk sein eigenes Aroma. Die rechte Seite von Pera, auf dem Weg zum Taxim-Platz, riecht anders als die linke. Oft treffen auch verschiedene Gerüche in derselben Gegend aufeinander. Wenn man beispielsweise Galatasaray passiert und linker Hand in die enge Straße zum Fischmarkt einbiegt, steigt einem der entsprechende Geruch kitzelnd in die Nase. In den Duft der Meeresfrüchte mischt sich der Geruch nach Gewürzen, gepökeltem Fleisch, scharfer Wurst (Pastırma oder Sucuk) und ein paar Schritte weiter auch nach eingelegtem Gemüse, bis man an der nächsten großen Straße herauskommt, Kalyoncu Kuluk, wo Süßigkeiten und Blätterteigpasteten ihren Duft verbreiten. Wenn man nun nicht geradeaus weitergeht, sondern nach rechts abbiegt, in die Çiçek Passajı, die Blumenpassage, werden einem die Knie weich vom köstlichen Duft gebratener Meeresfrüchte und verschiedener Mezze. Die Konstantinopler Griechen nennen sie die Christakis-Passage nach ihrem ersten Inhaber Christakis Zografos. Der wiederum hatte ihr einen anderen Namen gegeben: Cité de Péra. Die Blumenpassage war früher Treffpunkt der anspruchsvollen Trinker Istanbuls, zu denen auch einige der bekanntesten Dichter, Romanschriftsteller und bildenden Künstler zählten. Damals wurden die Getränke und die

Mezze auf riesigen Bierfässern serviert, und man nahm sie im Stehen zu sich, während ringsum in den Blumenläden die Blütenkelche dufteten. Inzwischen ist sie zu einer touristischen Sehenswürdigkeit verkommen. Wenn ich heute durch diese Passage gehe, erinnere ich mich an die Verse eines großen türkischen Dichters und Trinkers, Oktay Rıfat:

*Apostolis, was ist das für eine*
*sonderbare Schenke?*
*Auf meinem Teller liegt eine Wolke,*
*in meinem Glas der Himmel.*

Bei meinen Streifzügen durch die Straßen und Bezirke Istanbuls weiß ich bis heute, in welcher Straße mir welche Gerüche in die Nase steigen werden – viele Gegenden haben sich kaum verändert. Aber über die Düfte hinaus erzählt mir jede Straße und jede Gasse in Pera, in Kurtuluş (dem legendären Stadtteil der Konstantinopler Griechen) oder auf den Prinzeninseln eine Geschichte, birgt eine Erinnerung. Vielleicht ist diese mit Gefühlen aufgeladene Atmosphäre der Grund, warum ich es lange Jahre nicht gewagt habe, etwas über Istanbul zu schreiben. Ich fühle mich dieser Stadt sehr verbunden, und diese Identifikation verhindert die

Gewinnung der nötigen Distanz, die jeder Schriftsteller braucht.

Meines Erachtens gibt es zwei Arten, über eine Stadt zu schreiben: Entweder ist man dort geboren und lebt in ihr, oder man ist als Erwachsener hingezogen und hat sie liebgewonnen. Meine Beziehung zu Istanbul fällt in keine der beiden Kategorien. Ich bin dort geboren, habe meine Kinder- und Jugendjahre dort verlebt, und bei jeder Rückkehr nach Istanbul entlädt sich mein Heimweh. Folglich entsteht eine emotional aufgeladene Situation, die schriftstellerische Kriterien vernebelt. Würde ich mich vielleicht entschließen, wieder dort zu leben, lägen die Dinge anders. Aber ich beschränke mich auf kurze Visiten.

Der einzige Teil Athens, der mich intensiv an Istanbul erinnert, ist die Gegend um die Athinas-Straße, und da vor allem die Evripidou-Straße. Dort finde ich einen Abglanz der Düfte meiner Kindheit wieder. Athen gehört zur zweiten Kategorie, die ich vorhin beschrieben habe: Sie ist die Stadt meiner Wahl, wenn auch diese Wahl in erster Linie durch die Sprache begründet war. Ich habe sie erst als Erwachsener kennengelernt und eine Art Hassliebe zu ihr entwickelt. Darüber hinaus glaube ich, dass fast alle Athener eine Art Hassliebe mit ihrer Stadt verbindet.

Was mich an Athen begeistert, ist die Widersprüchlichkeit dieser Stadt. Sie zeigt jeden Augenblick ein anderes Gesicht, das einen mal abstößt und dann wieder magisch anzieht. Darf ich Ihnen ein Experiment vorschlagen? Steigen Sie auf den Lykavvitos-Hügel und blicken Sie von dort auf Athen hinab. Das vor Ihnen liegende Bild ist allzu vertraut: Zu Ihren Füßen breitet sich ein riesiges Betonhäusermeer aus, wobei die Straßen wie Flüsse in dessen Zentrum führen. Auf der Oberfläche dieser Flüsse schwimmen in quälender Langsamkeit verschiedene Fahrzeuge, die sich bei näherem Hinsehen als Automobile herausstellen. Auf den ersten Blick fordert diese Stadt Sie dazu auf, möglichst schnell Reißaus zu nehmen, es ist, als ob sie Ihnen sagte: »Was suchst du hier? Um Himmels willen, bist du verrückt? Nichts wie weg! Rette sich, wer kann!«

Doch wer sich von dieser Stimme nicht abschrecken lässt und trotzdem dableibt, wird die kleinen und geheimen Ecken, die Überraschungen und Widersprüche Athens entdecken.

Und diese Widersprüche liegen mitten in ihrem Herzstück, im vielleicht hässlichsten Teil ihres Zentrums, wenn man der Pireos-Straße nach Süden folgt. Sie liegen weder in Kifissia noch in den neu gebauten oder neureichen Wohngegenden wie Maroussi, Glyfada oder Ekali.

Athen ist die Stadt der kleinen Atempausen. Plötzlich, mitten in einer abstoßenden Gegend, findet man sich in einer schönen kleinen Straße, in einem angenehmen Wohnbezirk oder in einer erfreulichen Umgebung wieder. Doch diese Atempause währt nie lange, und schon bald blickt man wieder in das entstellte Gesicht der Stadt.

Ich gebe Ihnen ein einfaches und naheliegendes Beispiel: Gehen Sie am Koumoundourou-Platz vorbei, die Pireos-Straße hinunter, so treffen Sie rechter Hand auf die Salaminos-Straße. Dort befindet sich eine durchaus geschmackvoll hergerichtete Fußgängerzone. Von der Salaminos-Straße aus werden Sie zwei Gassen weiter zu Ihrer Rechten die Granikou-Straße entdecken. Mit einem Schlag fühlen Sie sich an einen exotischen Ort versetzt: Gärten mit dichter Vegetation und Bäume, die mit ihrem Blattwerk fast die ganze Straße überdachen. Sie blicken sich um und fragen sich verwundert, ob Sie sich in Athen oder in Kenia befinden. Diese Illusion hält fünfzig Meter an, dann holt Sie die geschmacklose und billige Thermopylon-Straße wieder in die harte Athener Wirklichkeit zurück.

Die andere Seite der Pireos-Straße, das Stück zwischen dem Koumoundourou-Platz und der Antiken Agora bis zum Ajion-Assomaton-Platz ist genauso widersprüchlich: auf der einen Seite Häuser aus der Zeit der Bayernherrschaft von der ersten Hälfte des 19. Jahrhunderts, auf der anderen Werkstätten und Maschinenfabriken; auf der einen Seite billige Absteigen und Asialäden, auf der anderen der herrliche Spazierweg zwischen Thissio und der Dionysiou-Aeropajitou-Straße. Dieses Stück Athen kann man sich wunderbar erlaufen, während man sich auf der Panepistimou- und der Stadiou-Straße, auf dem Vassilissis-Sofias-Boulevard und auf der Messojion-Straße nur mit dem Fahrzeug fortbewegen kann. Ich kenne keine andere Stadt, wo sich solch ein Unterschied zwischen Fahren und Gehen auftut. In Psyrri und in Metaxourgio fahren nachts Mercedes-Schlitten und dreirädrige Motorkarren einträchtig Seite an Seite, ebenso wie Kunstlederjacken und Nerzmäntel auf den Gehwegen nebeneinander flanieren.

Doch der vielleicht größte Widerspruch Athens liegt im Unterschied zwischen Tag und Nacht. Was Athen an Schönheit tagsüber einbüßt, gewinnt es nachts wieder zurück. Das abstoßende, chaotische, marktschreierische Gesicht Athens verblasst, sobald der Abend herabsinkt. Eine Zauberhand verleiht ihm ein schönes Antlitz, das bei Sonnenaufgang wieder entschwindet. Wenn ich Fremden das Leben der Athener erklären möchte, erzähle ich oft, dass sie den ganzen Tag über in der Hölle leben, um nachts für einige wenige Stunden im Paradies zu weilen. Denn Athen verwandelt sich nachts tatsächlich in ein Paradies. Und ich spreche nicht von den Fressmeilen, den Bars oder den Nachtschuppen. Ich rede von der Stadt selbst, die plötzlich in ein anderes Licht getaucht erscheint. Die Straßen, die einem morgens den letzten Nerv rauben, gewinnen nachts an Charme. Die unerträglichen Wohnsilos, die einen tagsüber bedrücken, verlieren ihre Härte, sobald die Dunkelheit herabsteigt. In Athen triumphiert die Nacht über den Tag. Das Sprichwort »Die Nachtgesichte erscheinen im Morgenlichte lächerlich« gilt für Athen umgekehrt: »Die Taggesichte erscheinen im Abendlichte lächerlich«.

Ich kenne keine Stadt, die auf Zuzügler einen so negativen Eindruck macht wie Athen. In den ersten Tagen nach ihrer Ankunft macht sich Krisenstimmung breit: Was ist das nur für eine chaotische Stadt, was für ein unerträglicher Verkehr, was für ein Krach auf den Straßen! Mein Gott, wann kann ich endlich wieder weg! Wenn sie jedoch nicht die Flucht ergreifen, sieht man sie drei Monate später mitten auf dem Omonia-Platz stehen, um ein Uhr mittags, wenn dieser Hexenkessel am heißesten brodelt, mit einem seligen Lächeln auf dem Gesicht. Und nach sechs Monaten haben sie alle schlechten Angewohnheiten der Athener übernommen: Sie nutzen jede sich bietende Gelegenheit, um sich in die Sonne zu fläzen, im Straßenverkehr begehen sie Rotlichtverstöße am laufenden Band, und die zugezogenen Ausländerinnen flirten wie die Athenerinnen mit den Verkehrspolizisten, um dem Strafzettel zu entgehen.

Eine Stadt wirkt anziehend, wenn sie sich nicht für ihre Schandflecke schämt und sich nicht an ihrer eigenen Dekadenz und Verkommenheit stört. Eine Stadt wirkt gleichgültig bis abstoßend, wenn sie sich stets faltenfrei und frisch gebügelt präsentieren will. Deshalb regte sich Montalbán auf, als die Stadtbehörden aufgrund der Olympischen Spiele die alten Arbeitersiedlungen und alle heruntergekommenen Gegenden Barcelonas abreißen ließen. Denn die Stadt büßte ein Stück ihrer Seele, einen Teil ihrer Schönheit und Geschichte ein. Und deshalb meint meine Freundin Susana Andres, in Barcelona geboren und aufgewachsen: »Barcelona war früher eine schöne Stadt, nun ist es eine hübsche Boutique.«

Die wahre Hässlichkeit Athens äußert sich weder auf seinen verkehrsüberlasteten Straßen noch in seinem übermäßigen Lärm, noch in seinen Wohnsiedlungen. All diese Elemente wurden von der Stadt aufgesogen und zu einem Bestandteil von ihr. Wer Athens wahre Hässlichkeit kennenlernen möchte, dem empfehle ich, eine Spazierfahrt durch sämtliche neu gebauten Stadtteile und neureichen Vororte zu unternehmen. Dort werden Sie Kitsch in Reinkultur sehen können. Und wenn jemand all dies aus Zeitgründen an einem Tag erleben möchte, dann empfehle ich eine Tour von Dilesi über Chalkoutsi nach Oropos. Nur sollten Sie für alle Fälle Valium dabeihaben, denn solch ein Nebeneinander von Landhäusern im Hollywoodstil, nachgeahmten Loire-Schlössern und schottischen mittelalterlichen Trutzburgen werden Sie nirgendwo sonst als auf attischem Boden bewundern können.

Wenn ich Charitos durch diese Stadt streifen lasse, ist es mir, als wäre ich selbst unterwegs. Sein Kommentar ist im Grunde mein Kommentar. Wenn meine Tochter mich aufziehen will, sagt sie: »Ich hab genug von deinen Sprüchen, zuerst höre ich sie von dir, und dann kann ich sie bei Charitos noch mal nachlesen.« Die Punkte, an denen Charitos und ich uns am ähnlichsten sind, sind sein Leben in Athen und sein Blick auf die Stadt.

Wie kam es, dass Städte in den letzten Jahrzehnten so sehr in den Mittelpunkt der Kriminalliteratur gerückt sind? Als ich dieses Genre Mitte der fünfziger Jahre kennenlernte, zeigte der europäische Kriminalroman weder Interesse noch Sensibilität für Städte. London kommt weder in Agatha Christies Romanen noch bei Dorothy Sayers oder John Dixon Carr vor, genauso wenig wie Paris in den Romanen von Pierre Boileau und Thomas Narcejac oder Brüssel bei Stanislas A. Steeman.

Von Arthur Conan Doyle bis Edgar Wallace und John Fletcher bleibt das einzige Merkmal, das wir über London erfahren, der Nebel. Fraglos geheimnisvoll und berückend, aber sobald sich der Nebel auflöst, verschwindet auch das im Roman genannte London.

Agatha Christies *Mord auf dem Nil* könnte genauso gut ›Mord auf dem Rhein‹ heißen und – anstatt auf dem Nil – auf einem Flussschiff auf dem Rhein oder der Donau spielen. Abgesehen davon, dass der Nil dem Roman einen exotischen Touch verleiht, der ihn ziert wie Schokoladensauce das Eis, spielt er gar keine Rolle in der Handlung im Sinne von irgendeiner Beeinflussung der Geschehnisse an Bord des Schiffes. Vielleicht ist es so, weil in diesen Romanen der Schwerpunkt auf der Handlung liegt bzw. auf der Beantwortung der Frage »Wer ist der Mörder?«. Und weil deshalb die Realien nur insoweit beschrieben werden, als sie Hercule Poirot oder Lord Peter Wimsey zu ihrem großen Auftritt verhelfen – ganz wie bei der großen Diva Vembo, die das Lied *Chimonas* sang und dabei die große Revuetreppe herunterschritt. Nur, damit die Detektive uns über alles aufklären können, unter anderem auch darüber, warum der Mörder Humus und Falafel (und nicht Molochia-Suppe) zu sich genommen hat.

Doch selbst in den Romanen von Georges Simenon liegt das Augenmerk nicht auf der Beschreibung von Paris, sondern auf der Beschreibung der kleinen Leute. Simenon entfaltet seine ganze Meisterschaft im Ergründen des Lebens und der Motive der kleinen, einsamen Menschen. Die Stadt findet nur als Wohngegend dieser Leute Platz in der Erzählung.

Im Gegensatz dazu hat bei den Amerikanern das Verhältnis zur Stadt und zum Raum eine lange Tradition. Man kann sich die Romane von Raymond Chandler schwer woanders als am Golf von Kalifornien vorstellen, der sogenannten *Bay Area*. Die gleiche Tradition führt auch Ross Macdonald weiter. Kann sein, dass Ed McBain über eine erfundene Stadt spricht, in deren 87. Polizeirevier seine Romane spielen, doch alle wissen, dass er über New York schreibt und nur die Ortsnamen abändert. Ersetzt man McBains Ortsbezeichnungen durch die von New York, dann kann man die ganze Stadt anhand seiner Romane Schritt für Schritt durchwandern.

Auch wenn man Chicago nicht persönlich kennt, so meint man doch in Sara Paretskys Romanen jedes Viertel und jede Straße wiederzuerkennen. Ihre Heldin Vic Warshawski durchstreift Chicago von den Reichenvierteln bis zur Universität und von den Wohngegenden der Afroamerikaner bis zu den Armenvierteln der Polen oder anderer Einwanderer.

Wer schreibt heute noch Geschichten im Stil von Agatha Christie, Dorothy Sayers oder Ngaio Marsh? Kriminalgeschichten, in denen es um Verbrechen aus Leidenschaft, um Erbschaftsstreitigkeiten oder um Rache für längst vergangene Verbrechen geht, werden nicht mehr geschrieben, und mit ihnen sind die kreuzworträtselartigen Romane verschwunden, vom Autor eigens angelegt, um seine Leser auf der Jagd nach dem Mörder in die Irre zu führen. Da die Verbrechen ihre Struktur geändert haben, hat man auch die Thematik der Kriminalromane den neuen Gegebenheiten angepasst. Das Aufgreifen neuer Themen veränderte auch die Beziehung des Autors zur Stadt. Heute herrschen in den Kriminalromanen Wirtschaftsverbrechen vor, sei es ungerechtfertigte Bereicherung, Wucher, Veruntreuung oder Schwarzgeld. Es wird nicht mehr aus Liebe gemordet und auch nicht aus Habgier, um eine entfernte Tante zu beerben. Heute ist Mord Teil des Geschäftsgebarens. Als Erster hatte Sir Basil Zaharoff, zum Teil Grieche und Erfinder des modernen Waffenhandels, kurz vor Ausbruch des Ersten Weltkriegs entdeckt, dass das Töten ein sehr einträgliches Geschäft sein kann. Der Lauf der Geschichte hat ihm vollkommen recht gegeben.

In den letzten neunzig Jahren – mit dem Zusammenbruch des (ir)real existierenden Sozialismus als Höhepunkt – haben verbrecherische Unternehmen an Boden gewonnen, das Phänomen der Geldwäsche hat ungeahnte Ausmaße angenommen, und je globaler die Wirtschaft agiert, desto mehr globalisiert sich auch das Verbrechen. Heute gibt es Schwarzgeldfirmen, die von Kolumbien bis in das ehemals bettelarme Griechenland agieren. Hoffentlich werde ich Lügen gestraft, aber ich fürchte, wir werden an den Punkt kommen, dass keine Regierung mehr wagen wird, diese Gelder aus dem Verkehr zu ziehen, weil sonst die Wirtschaft zusammenbräche.

Wie Charitos sagt: »Ich jage Mafiosi hinterher, die gewissermaßen das Personal in den Supermärkten des Verbrechens sind, wo alles im Angebot ist: von Russinnen und Ukrainerinnen über

Rauschgift bis zu Waffenhandel und Schutzgelderpressung.« Doch solche Supermärkte gibt es vorwiegend in der Stadt und weniger auf dem Land. Das Biotop, in dem illegale Unternehmen und Organisationen blühen, ist die Stadt. Legale oder legal scheinende Firmen nutzen nicht nur die städtische Infrastruktur, sondern greifen in das Stadtbild ein, teilen die Unternehmenszweige in ihr auf, wie man früher Wohnviertel oder Vororte schuf. So entstand eine neue Generation von Kriminalschriftstellern, die nicht allein die Handlung ihrer Geschichten in die Städte verlagert, sondern die Städte selbst zu Hauptdarstellern macht. Detective Inspector Rebus und Edinburgh sind Ian Rankins, Kommissar Wallander und Ystad sind Henning Mankells Hauptdarsteller, und Pepe Carvalho und Barcelona sind Manuel Vázquez Montalbáns zentrale Figuren.

Ich kann mir unmöglich Montalbáns Roman *Die Meere des Südens* in einer anderen Stadt als im Barcelona der Post-Franco-Ära vorstellen, mit seinen neuen Trabantensiedlungen, die Spekulanten und Wucherer anzogen. Der Bauunternehmer Stuart Pedrell, einer der großen Gewinner dieser Ausbeutungspraktiken, möchte sein Leben verändern und in der Südsee leben, doch schließlich verschlingt ihn Barcelona: Man findet ihn ermordet in einem Wohnviertel, das er selbst bauen ließ. Man könnte sagen, dass Stuart Pedrell der Aufforderung gehorcht, die in den ersten sechs Versen von Brechts 1926 verfasstem Langgedicht *Lesebuch für Städtebewohner* ausgesprochen wird:

*Trenne dich von deinen Kameraden*
*auf dem Bahnhof*
*Gehe am Morgen in die Stadt mit*
*zugeknöpfter Jacke*
*Suche dir Quartier, und wenn dein*
*Kamerad anklopft:*
*Öffne, oh, öffne die Tür nicht*
*Sondern*
*Verwisch die Spuren!*

Stuart Pedrell gelingt es nicht, seine Spuren vollkommen zu verwischen. Trotz all seiner Bemühungen kann er nicht aus seiner Haut heraus und verliert daher sein Leben.

Ein Freund von mir, der Montalbáns Roman *Verloren im Labyrinth* gelesen hatte, konnte nicht verstehen, warum ich dieses Buch für ein bedeutendes Werk halte. Da die meisten Griechen das Genre Kriminalroman immer noch mit Agatha Christie gleichsetzen, das heißt mit dem Lösen eines Rätsels, das ihr Leserinteresse wachhält, fällt es ihnen nicht leicht zu begreifen, dass der heutige Kriminalroman eher ein Gesellschaftsroman mit Krimihandlung denn ein Krimi im herkömmlichen Sinne ist. In *Verloren im Labyrinth* scheint sich Montalbán überhaupt nicht für die Kriminalhandlung zu interessieren. Ihn interessiert Barcelona, das durch die Olympischen Spiele zum Verschwinden gebracht wird, dessen Arbeiterviertel abgerissen werden, dessen Erinnerung ausgelöscht wird. Der von Aids zerfressene griechische Adonis des Romans will mit seinem Liebhaber zusammen in den letzten Überresten eines Barcelona sterben, das ebenfalls zerstört wird. Der Verfall des griechischen Adonis durch Aids symbolisiert die Zerstörung des alten Barcelona durch die Olympischen Spiele. Und die beiden Figuren, die sich auf ihre Spuren begeben – seine ehemalige Geliebte und ihr homosexueller Freund –, sind die Profiteure des neuen Barcelona.

Selbst wenn jemand ausgezeichnet Katalanisch oder Spanisch spricht, von Montalbán jedoch mit seinem vollen Namen Manuel Vázquez Montalbán spricht, merken die Einheimischen sofort, dass er nicht aus Barcelona stammt. Denn dort kennt man Montalbán nur als Manolo, auch heute noch, fünf Jahre nach seinem Tod.

Denn die Viertel sind geblieben, die Manolo

liebte, das Café, in dem er einkehrte, Casa Leopoldo, das Restaurant, in dem er aß und manchmal auch kochte. Die Einheimischen betrachten Manolo oder Manuel Vázquez Montalbán nach wie vor als die Seele ihrer Stadt, die mit ihr litt und sie besser beschrieb als jeder andere Schriftsteller.

Mag Charitos Athen? Ja, er liebt diese Stadt sehr. Lassen wir uns von seinen abwertenden, zynischen Kommentaren voller Sarkasmus nicht täuschen. Hinter dieser ständigen Herummäkelei steckt seine tiefe Liebe zu Athen. Im Grunde unterscheidet sich seine Beziehung zur Stadt in nichts von seiner Beziehung zu Adriani. Auch seine Frau liebt er sehr, auch wenn er ständig mit ihr im Clinch liegt. Ein italienischer Kritiker, Antonio D'Orrico, hat Charitos' Zuneigung für Athen am treffendsten beschrieben. Er meinte: »Charitos trauert um das im Verschwinden begriffene Athen wie Pasolini um die Glühwürmchen, die aus Rom verschwunden sind.«

Ich glaube, das ist das größte Kompliment, das Kostas Charitos je eingeheimst hat.

Der moderne Kriminalroman ist unmittelbarer Nachfahre des bürgerlichen Romans des 19. Jahrhunderts und beschreibt die Großstädte so wie Victor Hugo Paris oder Charles Dickens London. Der Leser der *Elenden* vergisst zumeist, dass dieser Roman vor allem eines ist: ein Gesellschaftsroman mit Kriminalhandlung. Ein Polizist jagt einen Ausbrecher, der ihm immer wieder entwischt. Im Kern ist auch Dickens' *Große Erwartungen* ein Kriminalroman. Sowohl Hugo als auch Dickens setzen eine Krimihandlung ein, um von den großen Städten zu erzählen, von den sozialen Ungerechtigkeiten und den Beziehungen zwischen Tätern und Opfern.

Die Kommissare oder Detektive in den modernen Kriminalromanen wie Montalbano, Carvalho, Wallander oder Charitos interessieren sich mehr für die gesellschaftlichen Brennpunkte als für die enge Welt ihrer polizeilichen Dienstabteilung.

In seiner Schrift *Über die Popularität des Kriminalromans* von 1938 notiert Bertolt Brecht eine Bemerkung, die mich nachdenklich stimmt: »Ein Abenteuerroman könnte kaum anders geschrieben werden als ein Kriminalroman: Abenteuer in unserer Gesellschaft sind kriminell«, meint Brecht.

Haben sich die Dinge seit damals verändert? Wie sehr haben sich die Gesellschaft, der Kriminalroman und auch unsere Auffassung davon gewandelt? Ist auch heute der Kriminalroman noch ein Abenteuerroman? Oder sind in der heutigen Gesellschaft Abenteuer etwa nicht mehr kriminell?

Ist das Verbrechen in der heutigen Welt vielleicht sogar ein Teil des menschlichen Abenteuers geworden?

Zudem ist Brecht ein Bewunderer des englischen Kriminalromans. Der amerikanische lässt ihn kalt, und er betrachtet ihn als unterlegenes Genre: »Wie die Welt selber wird auch der Kriminalroman von den Engländern beherrscht. Der Kodex des Kriminalromans ist der reichste und der geschlossenste. Er erfreut sich der strengsten Regeln, und sie sind in guten essayistischen Arbeiten niedergelegt. Die Amerikaner haben weit schwächere Schemata und machen sich, vom englischen Standpunkt aus, der Originalitätshascherei schuldig. Ihre Morde geschehen am laufenden Band und haben Epidemiecharakter. Gelegentlich sinken ihre Romane zum Thriller herunter, d. h., der Thrill ist kein spiritueller mehr, sondern nur noch ein rein nervenmäßiger.«

Die Welt wird nicht mehr von den Engländern beherrscht, genauso wenig wie der Kriminalroman. Die Welt steht unter dem Einfluss der Amerikaner, doch der moderne Kriminalroman treibt in Europa schönere Blüten als in den USA.

Die weitere Entwicklung des Kriminalromans strafte Brecht Lügen. Der Krimi ist nicht zum intellektuellen Ratespiel geworden, das »an die Arbeitsweise unserer Physiker erinnert«, wie er noch glaubte. Das *whodunit*, das kriminalistische Spiel, bei dem es darum geht, den Mörder zu entdecken, das Brecht so sehr faszinierte, ist stark in den Hintergrund getreten. Die letzten bemerkenswerten Beispiele englischer Kriminalromane nach diesem Muster sind die Bücher von Colin Dexter mit Inspector Morse und diejenigen von P. D. James.

Wäre Brecht noch am Leben, würde er sich verwundert die Augen reiben. Der europäische Kriminalroman ist in den letzten Jahrzehnten ganz von linken Schriftstellern vereinnahmt worden. Spanische, italienische, französische, aber auch britische und skandinavische Autoren haben im Kriminalroman das geeignete Genre gefunden, um Kritik an der Politik und an der Gesellschaft aus linker Perspektive zu äußern. Diese Liebesgeschichte der Linken mit dem Kriminalroman hat in Europa Ende der siebziger Jahre begonnen und hält bis in unsere Tage an. Beschäftigten sich die Schriftsteller früherer Generationen mit dem Proletariat, der Ausbeutung oder dem Alltagsfaschismus, so befassen sich die linken Krimiautoren heute mit den ›Eiterbeulen‹ der Demokratie: mit der Korruption, die sich wie eine Seuche ausbreitet, mit dem Schwarzgeld, das ibsensche ›Stützen der Gesellschaft‹ in Umlauf bringen, mit der Auslegung der Gesetze, wo für die Repräsentanten des Geldes so manche Ausnahmen zu gelten scheinen, genau wie in autoritären Systemen für Vertreter oder Günstlinge des Regimes. Zudem verschwimmt die Grenze zwischen ›legalem‹ und ›schwarzem‹ Geld mittlerweile so sehr, dass man es kaum mehr auseinanderhalten kann. In einer Zeit, in der die Politiker die Demokratie als Exportartikel propagieren, stellen Schriftsteller wie Massimo Carlotto, Thierry Jonquet, Pascal Dessaint, Didier Daeninckx oder Ian Rankin die Demokratie als eine Frucht dar, die unter ihrer Schale etliche faule Stellen aufweist.

Die zeitgenössischen Krimiautoren interessiert etwas anderes als die Entdeckung des Mörders: die Ursachen, die zum Mord oder zu den Morden geführt haben. Ich würde sogar sagen, weit mehr als für die Ursachen interessieren sie sich für die Mechanismen, die das Verbrechen hervorbringen: was eine sogenannte Grenzüberschreitung ist und wie sie zustande kommt; was jemanden dazu bringt, seine Grenzen dermaßen zu überschreiten, dass er tötet.

Eine solche Fingerübung über die menschlichen Grenzen treffen wir in Henning Mankells Romanen an. Am deutlichsten wird sie in *Die fünfte Frau.* Plötzlich überschreitet eine Person, die ihr ganzes Leben lang völlig unauffällig war, ihre Grenzen und wird zur wilden Bestie. Sie tötet ihre Opfer nicht einfach so, sondern auf brutalste Weise. Zunächst einmal bereitet sie ein Versteck vor, dann lockt sie ihre Opfer dorthin, und nachdem sie sie tagelang grausam gefoltert hat, bringt sie sie um.

Brutale Morde sind nicht nur ein Markenzeichen von Mankells Romanen, sondern auch der Bücher von Liza Marklund, die ebenfalls aus Schweden stammt. Und das treibt mich zu der Frage: Wie ist es möglich, dass es in einem Land, in dem es nie Folter gab und das als erstes die Menschenrechte eingeführt hat, Menschen gibt, die derartige Lust am Foltern empfinden? Existiert in uns ein Folterinstinkt, der an die Oberfläche kommt, wenn wir unsere Grenzen überschreiten? Und wie steht es mit den Folterknechten unzähliger autoritärer Regime? Sind es professionelle Berufsfolterer oder etwa Leute, die an einen Punkt gelangen, an dem sie ihre Grenzen überschreiten und Gefangene ihrer Lust am Foltern werden?

Im Gegensatz dazu kommen in Romanen aus Südeuropa selten brutale Morde vor, die Mörder quälen in der Regel ihre Opfer nicht. Sie töten ›konventionell‹ und ›sanft‹, falls man solche Ausdrücke überhaupt verwenden kann, wenn man über

Morde spricht. Jedenfalls ist es eine Tatsache, dass man bei Krimiautoren aus Südeuropa nur selten auf grausames und qualvolles Morden trifft.

Und hier stellt sich die Frage nach dem Warum. Warum haben die Morde im Süden eine sanftere, fast ›menschliche‹ Note? Warum ähneln sie eher Unfällen, warum scheinen sich die Mörder fast dafür zu entschuldigen, dass sie sich zum Töten gezwungen sahen? In Montalbáns *Verloren im Labyrinth* gibt es nicht einmal einen Mord. Ein paar Leute jagen einen Mann, der verschwunden ist, um zu sterben – ganz so, wie es auch frei lebende, nicht in Wohnungen eingesperrte Katzen tun. Auch in Andrea Camilleris *Die Geduld der Spinne* kommt kein Mord vor. Thema des Romans ist eine Entführung. Es geht um das Verschwinden einer schönen Studentin und um eine Lösegeldforderung. In meinem Roman *Live!* kommt es zu drei grausamen Selbstmorden vor laufender Kamera, aber es sind Selbsttötungen und keine Morde. Es gibt keinen Täter, die Selbstmörder haben einfach einen grausamen Freitod gewählt.

Ich möchte eine Erklärung vorschlagen, die mit den politischen Regimen zu tun hat, welche die Länder des Südens gezeichnet haben. Im Verlauf des 20. Jahrhunderts haben wir so viele Foltermethoden kennengelernt, dass wir mehr als genug davon haben und diese Themen gar nicht mehr aufrühren wollen: Faschismus, Franco, Metaxas, Junta, Gefängnisse, Exil, Kellerlöcher, die Folterung von Regimegegnern, um sie in die Knie zu zwingen, die Folterung von Linken, um sie auszuhorchen … und kein Ende abzusehen. Nach alldem hat man keine Lust, in Kriminalromanen Täter zu beschreiben, die ihre Opfer quälen.

Den Beweis, dass meine These zutreffen könnte, liefert Mankell selbst. Im Roman *Die weiße Löwin*, seinem einzigen Roman, in dem der Täter ein Schwarzer aus Südafrika ist, kommen keinerlei Grausamkeiten vor. Der dunkelhäutige Mörder, der aus einem Land stammt, wo die Schwarzen grauenvoll gefoltert wurden, hat sich einen ganz speziellen ›Kodex der Menschlichkeit‹ angeeignet. Er will nicht quälen, er will, dass seine Opfer rasch sterben und ohne zu leiden.

Auf das gleiche Merkmal trifft man in Theo Kallifatidis' Kriminalromanen. Obwohl er ein schwedischer Autor ist, dessen bisher erschienene Romane in Schweden spielen, scheint er seinen ›sanften‹ griechischen Wurzeln nicht ganz entkommen zu können. Seine Opfer sterben, weil bestimmte Ursachen und bestimmte Umstände dazu führen. Und der Tod kommt auf einfache Weise, ohne jegliche Folter.

Kristina Vendel, Theo Kallifatidis' Kommissarin, hält sich an die Vorschriften, umgeht sie manchmal aber auch. Sie verliebt sich im Dienst und vermischt Dienstliches und Privates. Kurz gesagt ist sie doppelt überzeugend: als Polizistin und als Frau.

Mankells Wallander hingegen ist ein Polizist, wie er im Buche steht. Alles was er tut, bewegt sich im Rahmen der Vorschriften. Niemals kommt er vom rechten Weg ab. Überspitzt formuliert verliebt er sich in Baiba Liepa, die in Riga lebende Witwe eines Kollegen, nicht nur, damit er sich nach ihr sehnen und leiden kann, sondern auch, damit er durch sie nicht in Gewissenskonflikte bezüglich seiner Dienstpflichten gerät.

Hier liegt ein interessanter Gegensatz: Je brutaler die Verbrechen, desto förmlicher die Kommissare. Diese Förmlichkeit, gepaart mit *political correctness*, bestimmt auch Donna Leons Brunetti. Während Küche und Essen bei den Brunettis vollkommen italienisch sind, ist das Verhalten des Kommissars amerikanisch.

Einer der Gründe, warum ich Ian Rankins Detective Inspector Rebus besonders mag, ist: Dieser Mann ist eine unentwirrbare Mischung aus Kommissar und Vater, Dienst- und Privatperson, und immer wenn er sich bemüht, die Dinge fein säuberlich auseinanderzuhalten, verstrickt er sich umso mehr. Rebus erinnert ein wenig an die Kommissare des Südens, an Montalbano oder an Charitos, die immer mal wieder Vorschriften umgehen, ihren Vorgesetzten nur die halbe Wahrheit erzählen und im Allgemeinen ihren Kopf durchsetzen.

Ich erinnere mich an die Worte eines deutschen Polizisten, der im Jahr der Olympischen Spiele als Verbindungsbeamter zwischen der deutschen und der griechischen Polizei in Fragen, die das Schengener Abkommen betrafen, nach Athen gekommen war.

»Die deutschen Polizeibeamten führen stets alles getreu nach dem Buchstaben des Gesetzes und den Vorschriften durch«, hatte er mir erklärt. »Wenn wir jemanden auf die Wache mitnehmen müssen, klären wir ihn höflich über den Wortlaut des Gesetzes auf und nehmen ihn dann mit. Wenn es sich um eine Ordnungswidrigkeit handelt, klären wir den Bürger höflich über die Art der Ordnungswidrigkeit auf und darüber, warum er ein Bußgeld zu bezahlen hat. Aber auf die Wache wird er dann mitgenommen, und der Strafzettel wird ausgestellt. Ausgeschlossen, dass die Vorschriften nicht eingehalten werden. Als ich nach Athen kam, machte mich in der ersten Zeit das Verhalten der griechischen Polizeibeamten sprachlos. Sobald sie jemanden bei einer Ordnungswidrigkeit erwischten, gingen sie sehr forsch vor und begannen wie wild herumzuschreien, so dass ich mir sagte: ›Hoppla, jetzt nehmen sie ihn gleich mit auf die Wache, der entgeht ihnen nicht!‹ Aber nachdem sie dem Sünder kräftig die Leviten gelesen hatten, sagten sie: ›So, jetzt geh, und tu's ja nicht wieder!‹ Ich traute meinen Augen nicht, dass sie nach ihren deutlichen Worten den Delinquenten laufen ließen. Hier liegt der Unterschied. Wir gehen ganz formell vor, aber der Delinquent entgeht der Anzeige nicht. Eure Polizeibeamten gebärden sich ganz wild, aber der Delinquent kommt normalerweise mit der Schimpfkanonade davon.«

Natürlich verhalten sich Montalbano und Charitos nicht so, weil sie so gerne auf eigene Faust handeln. Sie fürchten den Alptraum der italienischen und der griechischen Bürokratie, und sie wissen, dass sie in ihren Fängen auf keinen grünen Zweig mehr kommen, oder wenn doch, dann nur mit erheblicher Zeiteinbuße. Und was sie am meisten frustriert, ist, dass diejenigen, die sich getreu an die Bürokratie halten, befördert werden und in der Hierarchie aufsteigen, während diejenigen, die sie umgehen und dadurch Resultate liefern, auf ihren Posten sitzenbleiben.

Andererseits muss man zugeben: Je förmlicher das dienstliche Vorgehen ist und je buchstabengetreuer das Gesetz eingehalten wird, umso weniger korrumpierbar ist der Beamte. Die Umgehung von Vorschriften und Gesetzen hingegen und der Einsatz unlauterer Mittel bringen einen viel eher in die Nähe der Korruption. Montalbano und Charitos sind da zwar Ausnahmen, aber sie bestätigen die Regel.

Könnte man nun, ausgehend von all diesen Unterschieden, behaupten, es gebe einen nord- und einen südeuropäischen Kriminalroman? Ich weiß es nicht, vielleicht. Eines ist jedenfalls sicher: Diese Unterschiede und Gegensätze tragen sehr dazu bei, dass der Kriminalroman eine Vielfalt alternativer Handlungsentwürfe aufweist. Vielleicht können sie auch die große Blüte erklären, die der Kriminalroman in unseren Tagen erlebt.

## *Das Drehbuch als Tortenboden*

In meinem Leben habe ich stets das getan, was ich nicht tun wollte. Doch das ist weder seltsam noch originell. Millionen von Menschen auf der ganzen Welt landen woanders als dort, wo sie ursprünglich hinwollten. Das Seltsame bei mir ist, dass mir die Dinge besser gelungen sind, die ich nicht tun wollte. Aber ich erkläre es lieber an einigen Beispielen. Ich wollte auf keinen Fall Wirtschaftswissenschaften studieren, aber welcher junge Mann hätte es Ende der fünfziger Jahre in Istanbul gewagt, den Plänen seines Vaters zu widersprechen, dessen Hand er küsste und den er mit Sie anredete? Zumal das Studium der Wirtschaftswissenschaften mit einem Studienaufenthalt in Wien gekoppelt war?

Ich ging also nach Wien, schloss jedoch das Studium der Wirtschaftswissenschaften nie ab. Dies hinderte mich nicht daran, bei einer großen Firma, der Zementfabrik Titan, einzusteigen. Es gelang mir nicht nur, mit einer Arbeit Erfolg zu haben, die mich anfänglich überhaupt nicht interessiert hatte, sondern auch Erkenntnisse für meinen zukünftigen Beruf zu gewinnen, die ich aus einer anderen – sagen wir der Einfachheit halber intellektuellen – Tätigkeit wahrscheinlich nicht gewonnen hätte. Wenn ich heute zurückblicke, genau dreißig Jahre nach Beendigung des Kapitels Titan, komme ich zu dem Schluss, dass ich alles, was ich über Wirtschaft, die Funktionsweise von Unternehmen und die Mechanismen des Marktes weiß, in meinen Jahren bei Titan gelernt habe, was mir bis heute von großem Nutzen ist. Dieser Beruf, den ich nicht ausüben wollte, gab mir die Gelegenheit, Länder kennenzulernen, die ich unter anderen Umständen niemals besucht hätte. Wie sonst – außer als Vertreter einer Zementfirma – hätte es mich nach Libyen, Syrien, Ägypten, Tunesien, Algerien, Saudiarabien und Kuweit verschlagen? Wäre ich jemals als Tourist nach Saudiarabien gereist? Das einzige arabische Land, das ich in der Zeit nach meiner Tätigkeit bei Titan bereist habe, war Marokko.

Als ich nach einem Jahrzehnt vor der Wahl stand, eine Führungsposition zu übernehmen oder freier Schriftsteller zu werden, wählte ich das Schreiben und beschloss, nie wieder einen Fuß in eine Firma zu setzen. Mit dem Ergebnis, dass ich zwei Jahre lang zwischen Griechenland und Libyen hin- und herpendelte, weil ein naher Verwandter in Tripolis einen Großauftrag übernommen hatte und meine Hilfe brauchte.

Schließlich befreite ich mich endgültig und unwiderruflich von Firmentätigkeiten jeglicher Art und stürzte mich mit Feuereifer auf mein schriftstellerisches Aufgabenfeld. Doch zu genau diesem Zeitpunkt erkrankte meine Frau schwer. Wiederum ließ ich das Schreiben sein und pendelte zwei Jahre lang zwischen Stanford, Paris und Athen hin und her.

Wie Brechts Gedicht sagt, begann ich immer wieder – zwar nicht in biologischer, jedoch in schriftstellerischer Hinsicht – ›mit meinem letzten Atemzug‹ von vorne.

Das Einzige, was ich in meinem Leben tat, weil ich es wirklich tun wollte, war das Erlernen von Fremdsprachen. Dies war auch der einzige Punkt, an dem sich der Ehrgeiz meines Vater und mein eigener trafen. Zum Glück lernte ich Sprachen leicht, weil ich sie beim Hören aufschnappte. Das meine ich nicht im übertragenen Sinn, sondern ganz wortwörtlich. So wie es ein musikalisches Gehör gibt, existiert auch ein sprachliches Gehör. Wer über das Erste verfügt, eignet sich Töne, Noten und Melodien *en passant* an, wer über das Zweite verfügt, Sprachen. Nie zerbrach ich mir besonders den Kopf über Grammatik oder Syntax.

Wenn mich jemand fragt, warum wird etwas im Deutschen, das ich in den letzten fünfzig Jahren fast täglich verwende, so und nicht anders geschrieben, dann antworte ich: »Ich weiß nicht, warum, aber so wird es geschrieben.« Darüber wunderten sich alle meine Deutschlehrer: wie ich so gut Deutsch schreiben konnte, während ich von Grammatik und Syntax keine Ahnung hatte.

Da jedoch ›neu beginnen‹ nicht nur ›wieder von vorne anfangen‹, sondern auch ›etwas anderes beginnen‹ bedeutet – und so hat es Brecht mit Sicherheit gemeint –, passt das Gedicht noch viel besser zu meinem Fall. Denn ich habe mich nicht nur spät dem Roman zugewendet, ursprünglich wollte ich überhaupt nie Romane schreiben.

Das war der Zweck der langen Einleitung, die ich vorausgeschickt habe: zu erklären, dass ich selbst beim Romaneschreiben getan habe, was ich gar nicht tun wollte. Bis zu meinem achtundfünfzigsten Lebensjahr habe ich gewisse Romanciers bewundert, sie jedoch nie um ihr Genre oder ihre Kunst beneidet. Der Grund war einfach: Beschreibungen und lange Erzählungen zu produzieren langweilt mich. Sie zu lesen langweilt mich hingegen gar nicht. Ganz im Gegenteil, schöne Erzählungen oder Beschreibungen bereiten mir ein einzigartiges Lesevergnügen. Wie sollte man nicht innerlich jubilieren, wenn man Stendhals oder Flauberts Romane liest? Oder wenn man bei Philip Roth die Beschreibung jüdischen Lebens oder bei Paul Auster die Passagen über New York liest? Mein Problem war, dass mich das Verfassen solcher Texte anödete. Jedes Mal, wenn ich es versuchte, überkam mich eine unerträgliche Langeweile, und ich begann die Erzählung abzukürzen, bis ich am Schluss statt meiner Langeweile die Erzählung erstickt hatte.

Deshalb betrachtete ich viele Jahre lang das Drehbuch als Surrogat des Romans, in dem die Bild-Erzählung den Ersatz für die Worterzählung bot, die mich so ermüdete. Wie schön ist es doch, sich auf einige wenige neutrale Darstellungen in jeder Szene zu beschränken, die im Grunde die Bewegungen des Hauptdarstellers, der Hauptdarstellerin oder irgendwelcher Nebenfiguren im Bild beschreiben, und dem Regisseur oder dem Kameramann alles Übrige zu überlassen!

Wenn man das Drehbuch als Romanersatz betrachtet, vergisst man leicht, dass der Romancier im Film nicht dem Drehbuchautor, sondern dem Regisseur entspricht. Der einfachste Weg, diesen Unterschied aufzuzeigen, sind die Beschreibungen im Drehbuch, von denen ich gerade sprach. Im Gegensatz zum Roman sind sie emotionslos, neutral, ohne stilistische Feinheiten. Das geschieht mit Absicht und nicht, weil der Drehbuchautor grundsätzlich kein schriftstellerisches Talent hätte. Denn Stil und Ästhetik der Filmerzählung wird durch das Bild und den Regisseur geprägt, der durch ›literarisierende‹ Drehbuchpassagen nicht abgelenkt und beeinflusst werden darf.

Wenn ich manchmal Drehbuchseminare halte, vergleiche ich das Drehbuch gerne mit einem Tortenboden, wie man ihn im Supermarkt kaufen kann. Der Tortenboden bildet noch nicht den Film. Der Boden muss erst zur Torte werden, das heißt, alle Zutaten – Schokolade, Buttercreme, Sahne, Früchte – müssen auf ihm Platz finden. Wenn die Zutaten nicht stimmen, dann ist die Torte ungenießbar, auch wenn der Boden noch so gut gelungen ist. Dasselbe gilt, wenn der Tortenboden misslungen ist, dann schmeckt die Torte auch mit den feinsten Zutaten nicht. Kurz gesagt, der Tortenboden allein genügt noch nicht, aber die Torte besteht nicht nur aus den Zutaten. Das ist auch das Problem vieler griechischer Filme, nämlich dass sie sehr oft wie eine Torte ohne Boden sind.

Das Verhältnis zwischen Drehbuch und Film ähnelt ein wenig der Beziehung mancher Pärchen, in welcher der junge Mann dem Drehbuch und die junge Frau dem Film entspricht. Die Beziehung geht in den seltensten Fällen gut, denn in der Regel heimst die junge Frau alle Bewunderung und Anerkennung ein, während sich der junge Mann mit der Rolle des unscheinbaren Begleiters begnügen muss. Er zieht sich diskret in das Dunkel des Kinosaals oder hinter die Kulissen zurück, bis irgendwann die Wut in ihm hochkocht, weil er im Grunde doch derjenige ist, welcher der jungen Frau die Möglichkeit verschafft, am Schönheitswettbewerb teilzunehmen und die Misswahl zu gewinnen. Das Verhältnis der beiden lässt sich mit dem Refrain eines populären griechischen Liedes treffend zusammenfassen: »Zusammen halten wir's nicht aus, aber getrennt läuft gar nichts.«

Die Identifikation des Drehbuchautors mit dem Drehbuch gehört dem ersten Stadium der Herstellung eines Films an. Dort identifiziert sich der Drehbuchschreiber mit einem Text, der in der Regel in dieser Form nicht auf die Leinwand kommen wird. Wenn der Film fertiggestellt ist, ist vermutlich so viel Zeit seit dem Verfassen des Drehbuchs verstrichen und der Film hat sich so sehr vom ursprünglichen Buch, mit dem sich der Autor seinerzeit identifiziert hat, entfernt, dass er sich notgedrungen davon distanziert hat und aller Wahrscheinlichkeit nach schon an etwas Neuem arbeitet. Wenn er dann bei der Filmpremiere dabei ist, überkommt ihn daher des Öfteren das befremdliche Gefühl, einem Werk zu applaudieren, an dem er so gut wie gar nicht mitgewirkt hat.

Ich will ein Beispiel bringen: In Theo Angelopoulos' Film *Die Ewigkeit und ein Tag* gibt es eine Szene, in der die Kinder, die an den Ampeln betteln, die Kleider ihres getöteten Freundes Selim verbrennen. Als wir am Drehbuch arbeiteten, wollte Theo Angelopoulos die Szene an einem Ort mit vielen Eisenbahnwaggons, hinter dem Bahnhof von Thessaloniki, drehen. Doch als er den Ort sah, konnte er sich nicht damit anfreunden. Da kam ihm die Idee, die Szene auf dem Modiano-Markt zu drehen. Der alte, fast orientalisch anmutende Markt von Thessaloniki – und als dessen Herzstück der großartig überdachte riesige Raum mit den alten Speiselokalen, in denen Getränke und Häppchen serviert wurden – begeisterte ihn. So setzten wir uns hin und schrieben die Szene um. Doch als er zum Ortstermin auf dem Markt war, stellte er fest, dass auf der Galerie eine Bar mit modernem Design eröffnet hatte. So fiel die Idee ins Wasser, und auch unsere Arbeit war umsonst gewesen.

Schließlich begann er mit den Dreharbeiten, ohne zu wissen, wo er die konkrete Szene ansiedeln würde. Eines Tages, als er gerade durch die

Tsimiski-Straße ging, fiel ihm kurz vor dem Aristotelous-Platz eine Holztür auf, die zu einer Baustelle führte. Was zum Teufel trieb ihn dazu, sie aufzustoßen? Keine Ahnung, aber er fand sich mitten in einer riesigen, düsteren und nur fahl erleuchteten Baugrube wieder, während von oben Regenwasser herabtropfte, das in der Mitte der Baustelle auf dem Boden eine Art See bildete. Die Szene wurde schließlich dort gedreht, an diesem Ort, der im Drehbuch gar nicht vorkam. Als ich den Film sah, war die Szene vollkommen anders als die, mit der ich mich identifiziert hatte. Ich sage nicht, dass sie besser oder schlechter war, sie war einfach anders.

Man wird einwenden, dasselbe könnte einem Romanautor auch passieren. Er könnte durch Zufall einen Ort entdecken, der ihn zu einer neuen Beschreibung anregt, und möglicherweise einen Teil des Romans dadurch ersetzen. Gut, im Film passiert das nicht dem Drehbuchautor, sondern dem Regisseur. Daher habe ich auch am Anfang gesagt, dass der Romancier beim Film nicht dem Drehbuchautor, sondern dem Regisseur entspricht.

Ich muss etwas Frevelhaftes eingestehen. Der Roman hat mir nicht nur den Erfolg beschert, den mir kein anderes Genre eingebracht hat, er bewahrt mich auch vor den Auseinandersetzungen mit den Regisseuren, und damit meine ich weniger die Theater- als vielmehr die Filmregisseure. Theaterregisseure wollen in der Regel das Stück nicht völlig gegen den Strich bürsten und sind wesentlich kooperativer.

Dafür gibt es eine Menge Gründe. Ich will mich auf die zwei wichtigsten beschränken. Das Theaterstück wird dem Regisseur oder der Schauspieltruppe fix und fertig übergeben, folglich hat der Regisseur keinen großen Spielraum für Eingriffe und Änderungen. Der zweite Grund schließlich ist, dass ein Theaterstück auch nach der ersten Vorstellung als Text weiter existiert, selbst wenn die Inszenierung nach Ansicht des Autors missglückt war. Auch wenn es in vielen Fällen nur graue Theorie bleibt: das Theaterstück hat eine zweite und dritte Chance. Haben Sie jemals darüber nachgedacht, wie viele interpretatorische Vergewaltigungen und schlechte Vorstellungen Shakespeares Werke schon überstanden haben? Und haben sie dabei irgendeinen Schaden erlitten? Die Zuschauer vielleicht, die Stücke nicht.

Bei den Filmregisseuren liegen die Dinge vollkommen anders. Prinzipiell einmal unterscheidet sich die Arbeitsweise. In Griechenland, aber auch sonst in Europa gibt es keine Drehbuchautoren, die im stillen Kämmerlein Drehbücher schreiben und sie dann irgendeinem Produzenten übergeben, der sie verfilmt. Nicht, dass sich groß etwas ändern würde, wenn es so wäre. Der Produzent und der Regisseur haben auf jeden Fall das letzte Wort.

In Griechenland ist die Situation schlimmer als anderswo. Hier bringt es der Drehbuchautor selten weiter als bis zum Koautor. Folglich nimmt der Koautor entweder die Rolle des ausführenden Organs ein, das heißt, er bearbeitet eine Idee des Regisseurs, oder er hat so etwas wie eine Beraterfunktion im Verlauf der Niederschrift inne. Er ist weniger Drehbuchautor als Filmdramaturg. Was in der Praxis bedeutet, dass er, sobald er einen Vorschlag vorzubringen wagt, der von der ursprünglichen Idee des Regisseurs abweicht oder Änderungen verlangt, die dem Regisseur nicht passen, sich dem unerschütterlichen Argument gegenübersieht: »Hör mal, das ist meine Idee, und daran gibt's nichts zu rütteln.« Auch wenn dies nicht die Regel sein sollte, in der überwiegenden Zahl der Fälle läuft es so ab.

Immer wieder höre ich, wie sich griechische Regisseure darüber beschweren, es gäbe keine guten Drehbuchautoren in Griechenland. Dabei müssten sie sich vielmehr darüber wundern, dass es überhaupt noch welche gibt. Die Regisseure ›vergessen‹ eben, den Gedanken zu vollenden, weil es ihnen nicht in den Kram passt. Den vollständigen Wortlaut könnte man in etwa so formulieren: »Im griechischen Kino gibt es keine guten Drehbuchautoren, weil die Regisseure sie bestenfalls als ausführendes Organ und schlimmstenfalls als Handlanger gelten lassen.«

Wenn mich jemand für übertrieben hart oder ungerecht hält, sollte er zunächst folgende Frage beantworten: Ist es jemals vorgekommen, dass ein griechischer Drehbuchautor einem griechischen Regisseur eine Idee, ein Treatment oder ein Drehbuch vorgeschlagen hat, das von diesem angenommen wurde? In der heutigen Situation des griechischen Films – und die verdanken wir nicht nur dem Staat, sondern allen, die sich in dieser Industrie engagieren – klammern sich die meisten griechischen Regisseure an irgendeine Idee wie ein Ertrinkender an einen Strohhalm. Wie soll es da dem griechischen Drehbuchautor gelingen, sich weiterzuentwickeln, seine Technik und seine schriftstellerischen Mittel zu verbessern und das Niveau des ausführenden Organs hinter sich zu lassen, wenn er nicht die Hürde des Koautors überwinden kann? Es geht ihm ähnlich wie dem ewigen Reservisten beim Militär, der zwar bis zu einem gewissen Dienstgrad aufsteigen konnte, dann jedoch auf der Karriereleiter stehenbleibt.

Im Laufe meines Lebens habe ich an allen erwähnten Übungen teilgenommen und alle Meerengen durchschifft. Trotzdem hatte ich Glück, denn den größten Teil meiner Arbeit habe ich als Koautor von Theo Angelopoulos absolviert, auf den nichts von all dem zutrifft, was ich eben erzählt habe. Er ist die einzige Ausnahme oder, um den Eindruck der Rechthaberei zu vermeiden, jedenfalls die einzige Ausnahme, die mir bekannt ist.

Theo habe ich im Jahr 1971 kennengelernt, also in den Jahren der Junta. Ein Jahr zuvor, 1970, hatte ich *Rekonstruktion,* seinen ersten abendfüllenden Spielfilm, gesehen und war begeistert. 1971 wurde am Eleftheo Theatro mein Stück *Die Geschichte des Ali Redscho* aufgeführt. Nach der Vorstellung fragte mich Theo, ob ich beim Drehbuch zu seinem nächsten Film, *Tage von 36*, mitarbeiten wollte.

»Ich will schon, nur habe ich keine Ahnung, wie man Drehbücher schreibt«, meinte ich zu ihm.

»Das macht nichts, ich zeig's dir«, war seine Antwort.

Er hat es mir nicht einfach nur gezeigt, sondern ich habe es bei ihm von der Pike auf gelernt. Natürlich hat er mir seine persönliche Art zu schreiben beigebracht, die der literarischen Form der Novelle viel näher steht als dem klassischen Drehbuch. Der große Unterschied liegt nicht in der Form, sondern darin, dass Theos Beschreibungen nicht neutral sind, sie beziehen Stellung und gleichen darin den erzählenden Passagen von Romanen und Novellen. Und das aus einem ganz einfachen Grund: weil er in die Beschreibung seine Sichtweise über das Bild einfließen lässt, seinen subjektiven Blick hinzufügt, wie es auch ein Prosaschriftsteller tut. Im Grunde schreibt Theo nichts anderes als eine Kurzgeschichte, die er, während wir darüber diskutieren und ihr neue Wendungen geben, zu einer Novelle ausweitet.

Vieles wurde und wird über Theo Angelopoulos gesagt. Einiges Wahre und einiges Unwahre, viel Böswilliges und viel Gemeines. Natürlich kann man ein Gedicht, einen Roman oder einen Film nicht mögen. Man sollte aber sein negatives Urteil nicht automatisch auf den Urheber ausweiten und bösartige Gehässigkeiten über ihn verbreiten. Wenn ein griechischer Regisseur bei einem Festival durchfällt, sein Film unbeachtet bleibt oder schlechte Kritiken erhält, dann tut er seinen Kollegen zu Recht leid. Wenn ein Film von Angelopoulos durchfällt, reiben sich viele die Hände, und nicht wenige geben dem auch öffentlich Ausdruck, wenn auch nur hinter vorgehaltener Hand.

Um bei der Wahrheit zu bleiben: Angelopoulos

verstärkt des öfteren diese Reaktionen durch seine Haltung. Theo hat ein öffentliches und ein privates Gesicht. Ersteres ist kühl, distanziert, manchmal arrogant. Er versteht keinen Spaß und wirkt angespannt.

Das menschliche, persönliche Gesicht von Angelopoulos ist jedoch vollkommen anders. In all den Jahren meiner Tätigkeit am Theater oder beim Film habe ich mit unzähligen Menschen zusammengearbeitet, doch mit niemandem so angenehm wie mit ihm. Warum er dieses private Gesicht nicht nach außen kehren kann, war mir schon immer ein Rätsel.

Mir ist klar, dass viele, die diese Zeilen lesen, sagen werden: »Markaris übertreibt«, und sie werden sich auf das Zeugnis anderer berufen, die Theo einiges zur Last legen. Andere vielleicht gehen so weit, mir zu unterstellen, ich wolle mich bei Angelopoulos einschmeicheln. Nichts von alledem ist wahr, und ich verfüge über ein einfaches Argument, um meine Behauptung zu bekräftigen. Spätestens seit ich mir als Romancier einen Namen erworben habe, suche ich keinerlei schriftstellerische Bestätigung mehr in Drehbüchern, weder für die Filme von Theo Angelopoulos noch von irgendjemand anderem. Die Anerkennung, die ich mit meinen Romanen finde, genügt mir vollauf. Meine Zusammenarbeit mit Theo stützt sich auf meine Liebe zu seinen Filmen und auf die Befriedigung, die mir die Arbeit mit ihm verschafft.

Theos großer Vorteil ist, dass er nie an einer Idee klebt. Er ist nicht wie der Ertrinkende, der sich an den Strohhalm klammert. Im Gegenteil: Er ist imstande, zahllose alternative Lösungen zu entwickeln, jederzeit seine ursprüngliche Idee umzuformen und einen am Telefon mit Vorschlägen zu bombardieren, welche die Geschichte vollkommen auf den Kopf stellen. Wenn ich ihn manchmal mit meiner Beharrlichkeit und meinen Einsprüchen zur Weißglut bringe, ist seine Reaktion: »Dreißig Jahre sind wir nun befreundet und arbeiten zusammen, aber vom Film verstehst du immer noch nichts.«

Worauf ich antworte: »Gut, dann gehe ich jetzt, und wenn dir etwas Besseres einfällt, ruf mich an, und wir reden darüber.«

Einige Tage später wird dann das Telefon läuten, und ich werde hören, wie er sagt: »Ich glaube zwar immer noch, dass du unrecht hast, aber ich habe da eine Idee.«

In neun von zehn Fällen ist seine Idee viel besser als diejenige, die uns entzweit hatte.

Das macht die Zusammenarbeit mit Theo so angenehm und produktiv. Er hört sich die Meinungen und Einwände des anderen an und zerbricht sich den Kopf, um alternative Vorschläge zu machen. Wenn er jedoch vermutet, dass man ihn mit einfachen Lösungen oder billigen Tricks abspeisen will oder ihm mit dem Hochmut des vorgeblichen Fachmanns begegnet, dann wird man ihn nicht nur nicht überzeugen, sondern dann wird er einem das Leben schwermachen.

Natürlich kenne ich den Spruch: »Der Prophet gilt nichts im eigenen Land.« Alle, die das für abgegriffen halten, verweise ich auf Milan Kundera, dem die tschechische Regierung 1979 als Reaktion auf *Das Buch vom Lachen und Vergessen* die Staatsbürgerschaft entzog.

Von Theo Angelopoulos habe ich außer dem Drehbuchschreiben noch etwas anderes gelernt, das mir für meine Romane sehr nützlich erschien: die Plansequenz. Wer die Kapitel meiner Romane aufmerksam verfolgt, dem wird auffallen, dass sie mehr die Struktur einer Filmsequenz als die eines Romankapitels haben. Das wird auch durch die Beobachtung vieler meiner Leser bestätigt, dass meine Romane wie eine filmische Erzählung wirken.

Sicherlich ist Theos Erzählrhythmus vollkommen anders als meiner. Meine Art des Erzählens ist schnell, während Theos Art langsam und analytisch ist. Doch dies hat mit dem inneren Rhythmus eines jeden Erzählers zu tun. Falsch ist es, seine innere Uhr zu einem schnelleren Rhythmus zu zwingen. Wenn manche ihrer Verwunderung darüber Ausdruck verleihen, warum Angelopoulos' Filme so langatmig sind und warum er sie nicht beschleunigt, bringt mich das immer zum Lachen, und ich antworte dann jeweils: »Wissen Sie, wie schwer es mir fallen würde, langsamer zu erzählen, und wie schlecht es dem Roman bekommen würde? Und er würde nicht schlecht geraten, weil er zu langsam wäre, sondern weil sein Tempo nicht mehr stimmte.« Wenn man gegen seine innere Uhr arbeitet, führt dies zu Unverhältnismäßigkeiten.

Ein italienischer Filmkritiker hat dieselbe Frage eleganter formuliert: »Wie gelingt es Ihnen, Ihren Rhythmus an den von Angelopoulos anzupassen?«

»Ich arbeite an der Erzählung der Handlung mit. Dabei greife ich nicht in seinen Rhythmus ein.«

Wenn man allzu schlau sein will, vergisst man sein eigenes Metier.

Freunde und Leser weisen immer wieder auf die feindliche Haltung hin, die ich in meinen Romanen dem Fernsehen gegenüber einnehme. Journalisten sagen oft mit einem gekränkten Unterton zu mir: »Sie finden uns nicht besonders sympathisch, Herr Markaris.« Würde ich behaupten, das Fernsehen begeistere mich, speziell das griechische und insbesondere das Programm der Privatsender, wäre dies eine Lüge. Was die Fernsehjournalisten betrifft, so gilt für die meisten »Wie der Herr, so's Gescherr!«. Das ist auch nicht anders zu erwarten, wenn man für ein Medium tätig ist, das bei Programm und Mitarbeitern keine Rücksicht kennt. Das griechische Fernsehen erinnert mich an einen Kolonialherrscher mit Shorts, Tropenhelm, Stiefeln und Peitsche, der erbarmungslos auf die Schwarzen einprügelt, um ihre Leistung zu steigern. Die quantitative Leistung steigt zwar, qualitativ liegt sie jedoch im Argen, und daran sind nicht die Schwarzen schuld, sondern – wie immer in der Kolonialherrschaft – Stiefel und Peitsche.

Mir gefallen die Nachrichtensendungen und die Talkshows nicht, weil ich die eingeblendeten Fensterchen und die weiblichen und männlichen Fratzen hasse, die nur auf das Zeichen des Moderators lauern, um ihre Tiraden zu beginnen, wobei sie ihren Gesprächspartnern ständig ins Wort fallen mit einer Unhöflichkeit, für die wir ein Kind mit einer Backpfeife bestrafen würden. Als ich klein war, wartete ich im Kino voller Ungeduld auf die Zeichentrickfilme. Nun haben wir anstelle von Zeichentrickfiguren quatschende Brustbilder, und ich sehne mich nach Donald Duck und Mickey Mouse zurück. Ich gucke weder Reality-Shows noch Serien, da mich beides anödet. Mein Interesse beschränkt sich auf Sport und Spielfilme. Vor allem bin ich jedoch ein passionierter Zeitungsleser. Ich mag es, Nachrichten zu lesen, nicht, sie im Fernsehen zu sehen. Und ich ziehe Zeitungsartikel dem Gebrabbel der Fensterchen allemal vor, selbst wenn die griechischen Printjournalisten speziell in den Sonntagsausgaben einer nie da gewesenen ›Analysierleidenschaft‹ frönen.

Andererseits muss ich gestehen, dass meine wahre Emanzipation als Berufsschriftsteller ihren Anfang beim Fernsehen bei der Serie *Anatomie eines Verbrechens* genommen hat. Heute, fünfzehn Jahre später, verstehe ich immer noch nicht genau, was den Ausschlag für den großen Erfolg einer Serie gab, die mit sechs Folgen begann und schließlich drei Jahre lang lief. Waren es die wahren Verbrechen, die ihre Grundlage bildeten, und die eigenartige Balance zwischen Realität und Fiktion? War es das Spiel mit dem Zuschauer, dem man sagte: »Erinnerst du dich an dieses Verbrechen? Es könnte auch so gewesen sein«? War es das unzweifelhaft hohe Niveau der Produktion? Lag es am Schauspieler Grigoris Valtinos? Oder waren zu jener Zeit die Interessen und Einstellungen der Zuschauer anders?

In den fünfzehn seither vergangenen Jahren haben vor allem die Privatsender den konzertierten Versuch unternommen, das Niveau so tief wie möglich zu senken – mit der Milchmädchenrechnung im Hinterkopf, dass, je billiger ein Produkt, desto niedriger die Kosten und desto höher der erwirtschaftete Gewinn. Hier die Reality-Shows, dort verschiedene Herrschaften, die im Wald nach dem bösen Wolf suchen, dann *Big Brother* und *Fear Factor* – all dies erhebt im wörtlichen und im übertragenen Sinne den privaten Blödsinn zum öffentlichen Schauspiel.

Anfang der neunziger Jahre interessierten sich selbst die Privatsender für einige Prestige-Sendungen oder -Serien, auch wenn sie nur als Feigenblatt dienten. In der Zwischenzeit ist auch dieses Feigenblatt gefallen, doch es folgte nicht die verschämte Entblößung, die unter Umständen noch reizvoll sein könnte, sondern es wurden die Hosen runtergelassen, was immer ordinär ist.

Trotz all dieser Einwände wäre ich undankbar, würde ich unterschlagen, dass ich meine Hinwendung zum Roman zum Teil dem Fernsehen verdanke.

Schon am Anfang habe ich erzählt, dass Charitos und seine Familie vor mir aus dem Boden wuchsen, als *Anatomie des Verbrechens* im dritten Jahr lief. Doch das war es nicht allein. Auch das Thema meines ersten Romans *Hellas Channel* ergab sich aus der Beziehung, die ich damals zum Fernsehen pflegte. Aufgrund der Krimiserie war ich jeden zweiten Tag beim Sender, entweder um neue Folgen abzugeben oder zwecks einer Besprechung. In den Pausen saß ich in der Cafeteria des Senders und beobachtete die Reporter. Dort wurde mir zum ersten Mal bewusst, was es für einen Fernsehsender bedeutete, als Erster mit einer Nachricht auf Sendung zu gehen. Diese Leute hetzten wie verrückt hin und her, nur um die Nase vorn zu haben, ihren Kollegen den Bissen aus dem Mund zu stibitzen und das Ereignis vorherzuahnen, das wie eine Bombe einschlagen und sich als Skandal erweisen würde. All dies, von den französischen Zeitungen *faits divers* genannt, hat rein gar nichts mit Politik zu tun.

Zeitungen stehen nicht in gleicher Weise unter Druck, denn alle – egal ob Morgenblätter oder Abendzeitungen – erscheinen am selben Tag, und es muss schon etwas Weltbewegendes passieren, dass eine Zeitung sich entschließt, eine Extraausgabe herauszubringen. Im Gegensatz dazu kostet es den Sender nichts, den normalen Programmablauf zu unterbrechen, die Bildüberschrift ›Sondersendung‹ einzublenden und als Erster mit einer Meldung im Äther zu sein.

Als ich nun die Reporter beobachtete, kam mir der Gedanke, dass diese Leute einen Drahtseilakt zwischen Größenwahn und Paranoia absolvieren. Diese oftmals konsternierenden Beobachtungen formten nach und nach die Figur der Janna Karajorgi sowie die Antipathie, die Charitos gegen sie empfindet.

Seit damals spielt in allen Romanen, die ich bislang verfasst habe, das Fernsehen eine zwar negative, aber herausragende Rolle. Nicht weil ich Eindruck schinden oder realitätsnah sein will, sondern weil ich mich nicht des Eindrucks einer vielfach negativen Macht des Fernsehens erwehren kann, wenn sogar Freunde von mir – Schriftsteller, Theaterleute, Akademiker – jeden Abend vor der Glotze hocken, Fensterchen jedweder Form und Größe gucken und dann kommentieren, was der Politiker oder die Journalistin Soundso gesagt hätten und was es bedeute, dass A lächelte und B die Augenbrauen hochzog. Der elende Ausdruck ›Mediendemokratie‹ wird noch erbärmlicher, wenn man bedenkt, dass er nichts anderes als ›pervertierte Demokratie‹ bedeutet und selbst ernsthafte Menschen zu faszinieren vermag.

Lassen Sie mich zum Abschluss einen positiven Zug des Fernsehens anführen, selbst wenn er sich bloß auf die Ebene des nackten Überlebens bezieht. In der Wüstenlandschaft des griechischen Films kommen wenigstens ein paar Drehbuchautoren in den Serienproduktionen der Sender unter. Doch normalerweise handelt es sich nicht gerade um die Größen ihrer Zunft.

## *›Brechtexperte‹ wider Willen*

Meine Beziehung zu Brecht begann vollkommen zufällig und wurde aus der Not heraus geboren. Es ist allseits bekannt, dass das Theater meine erste Liebe war. Schon als junger Mann träumte ich davon, Theaterstücke zu schreiben. Dabei quälte mich jedoch eine große, ja sogar unüberwindliche Schwäche. Es war mir nahezu unmöglich, ein Stück in fünf Akte zu pressen. Entweder geriet es mir zu kurz, und ich musste es gewaltsam in die Länge ziehen, oder es war zu lang, und ich musste es zurechtstutzen.

Dieses Problem machte mir bis zum Jahr 1960 das Leben schwer. Bis ich zum ersten Mal nach Ostberlin fuhr und *Der aufhaltsame Aufstieg des Arturo Ui* am Berliner Ensemble in der damaligen Inszenierung von Manfred Wekwerth und Peter Palitzsch und unmittelbar darauf *Mutter Courage und ihre Kinder* in Brechts klassischer Inszenierung sah.

Da begriff ich, dass Brecht die Lösung für meine ausweglose Situation war. Ich musste nur vom

Zwei- oder Dreiakter zu einer Struktur übergehen, die sich auf Bilder stützte, wie Brecht es in seinen Stücken tat. So wurde aus der Notwendigkeit heraus, mein schriftstellerisches Problem zu lösen, die Lust geboren, mich mit Brecht zu beschäftigen.

Ich habe eine gute Eigenschaft, die mich in meinem Leben des Öfteren schon aus schwierigen Situationen gerettet hat: Wenn ich mir etwas vornehme, dann tue ich das ausführlich und befasse mich mit dem gewählten Thema intensiv und von allen Seiten. Schludrigkeiten und der Grundsatz »Erst mal loslegen, der Rest ergibt sich von allein« entsprechen meinem Charakter nicht. So bin ich auch mit Brecht verfahren. Ich habe mich an die Arbeit gemacht und begonnen, sein Werk zu studieren. Nicht nur die Theaterstücke, sondern auch die theoretischen Texte. Von *Über den Untergang des alten Theaters* zum *Epischen Theater*, vom *Messingknauf* bis zum *Kleinen Organon für das Theater* ließ ich keine Lektüre aus. Zugleich sah ich mir Brecht-Vorstellungen an, wo immer ich konnte: im Berliner Ensemble, in West- und Ostdeutschland, aber auch in Frankreich und Italien. Die meisten waren vom engen Kreis seiner Schüler inszeniert, von Benno Besson, Manfred Wekwerth, Peter Palitzsch oder Giorgio Strehler in Mailand und Bernard Sobel in Paris.

Mein großes Plus waren meine Deutschkenntnisse. Ich las die Texte im Original und musste sie nicht in Übersetzungen suchen, die nie das ganze Werk umfassten. Ich habe es bereits an anderer Stelle gesagt: Das Einzige, was ich nicht gegen meinen Willen gemacht habe, war das Erlernen von Fremdsprachen. Das kam mir auch für die Schriften zweier bedeutender Brecht-Exegeten zugute, die ich in der jeweiligen Originalsprache las: Bernard Dort und Eric Bentley.

Als ich nach Griechenland kam, hatte die Brecht-Rezeption gerade begonnen, zunächst einmal durch eine Gruppe um die Zeitschrift *Epitheorisi Technis* und danach in der Zeitschrift *Theatro*. Viele der Texte waren jedoch aus dem Französischen übersetzt, was immer wieder zu Fehlinterpretationen führte. Der Einzige, der Brecht im deutschen Original kannte, war sein Übersetzer Panajotis Skoufis, mit dem ich seit damals befreundet bin.

Also begann ich schüchtern meine Meinung zu sagen, die sich vorwiegend auf sprachlich-übersetzerische und weniger auf theoretisch-brechtische Aspekte bezog. Der erste große Schritt zu meiner Inthronisierung als ›Brechtspezialist‹ war die Übersetzung des Terminus ›Verfremdung‹ ins Griechische. Der Begriff war zunächst als *apostasiopiisi* übersetzt worden, da die Franzosen ihn unter *dis-*

*tanciation* wiedergegeben hatten. Brecht verstand aber unter Verfremdung nicht Distanzierung, von der er an anderer Stelle auch spricht. Noch heute wundere ich mich, wie dem französischen Übersetzer so ein Fauxpas unterlaufen konnte. Daher schlug ich für ›Verfremdung‹ die griechische Wortschöpfung *paraxenisma* vor.

Seltsamerweise waren meine ersten Brecht-Übersetzungen keine Theaterstücke, sondern Gedichte. Es war eine Auswahl aus seiner Lyrik. Wenn Sie mich heute fragen, nach so vielen Jahren der Beschäftigung mit Brecht, was ich für den bedeutendsten Teil seines Werks halte, dann würde ich ohne Zögern antworten: die Regiearbeiten und das lyrische Werk, und nicht die Prosa. Keinesfalls will ich seine großen Werke herabwürdigen, aber den Lyriker Brecht halte ich für einen der größten Dichter des vergangenen Jahrhunderts. Genauso denke ich über den Regisseur Brecht, den großen Reformer der Bühne nach dem Zweiten Weltkrieg. Vor allem das mitteleuropäische sowie das französische und italienische Theater hat viel von Brecht gelernt. Bestimmte seiner reifen Werke wie *Mutter Courage und ihre Kinder*, *Leben des Galilei*, *Der gute Mensch von Sezuan* sowie *Der kaukasische Kreidekreis* sind mit Sicherheit wichtige Stücke, einige davon habe ich selbst übersetzt und kenne daher ihre Schönheiten und ihre Schwierigkeiten aus nächster Nähe, doch heute schätze ich Brechts Gedichte viel höher ein.

Jedenfalls hatte sich bis 1967 mein Ruf als Brecht-Experte verfestigt, mit der so platten, in Griechenland damals wie heute geltenden Logik: Unter den Blinden ist der Einäugige König.

Diese Feststellung sollte sich fast unmittelbar danach, in der Zeit der Junta, als völlig richtig erweisen. Brechts großer Erfolg in Griechenland setzte während und wegen der Junta ein. Diese Kombination war für Brecht »Segen und Fluch zugleich«, wie die Volksweisheit sagt.

Beginnen wir beim Segen. Zwischen 1968 und 1974 wurde Brecht in Griechenland als politisches Evangelium gelesen. Und das verdankte er vorwiegend den Obristen. Wer eine Junta oder Diktatur erlebt hat, weiß sehr gut: Sobald politische Rede und Gegenrede und jeglicher Dialog niedergeknüppelt werden, beginnt man verzweifelt nach Ersatz zu suchen. Und wo sollten die griechischen Künstler, Schriftsteller, Schauspieler, Wissenschaftler und Intellektuellen einen besseren Ersatz für die verbotene Rede finden als in Bertolt Brecht, einem durch und durch politischen Autor? Brechts Stücke sind politisch, seine theoretischen Texte sind politisch, sein Denken ist politisch. Wenn man auf diese außerordentliche Akte noch den Stempel des Kommunisten drückt, wie sollte er dann nicht zum Guru der Regimegegner werden?

Während der ganzen Juntazeit gab es keine Zeitschrift, die nicht irgendeinen Text oder irgendein Gedicht von Brecht abdruckte, gab es keinen Verleger, der nicht mindestens ein Buch mit Brecht-Texten ediert hatte, keine Theatergruppe, keine Wanderschauspieler, die nicht ein Brecht-Stück im Repertoire hatten. Junge, kleine Verlage schossen wie Pilze aus dem Boden, einzig und allein, um Werke von Brecht zu publizieren. Es war eine wahre Brecht-Euphorie ausgebrochen.

Ich erinnere mich, wie mich einige Jahre nach dem Fall der Junta eine junge Journalistin in einem Radiointerview fragte, was wir unter der Junta getan hatten.

»Wir haben gelacht«, antwortete ich ihr.

Sie war sprachlos. »Sie haben gelacht?«

»Ja. Niemals sonst in meinem Leben habe ich so gelacht.«

Was an Respekt in ihrem Blick für meine Wenigkeit vorhanden gewesen war, verschwand, und sie blickte mich an, als hätte sie ein Ungeheuer vor sich.

»Aber war denn die Junta so komisch?«, fragte sie, ohne den Tadel in ihrer Stimme zu verbergen.

»Zum Schreien komisch.«

»Und worüber haben Sie gelacht?«

»Damals waren wir alle Brecht-Anhänger«, erklärte ich lachend. »Und Brecht sagt: In den tragischsten Ereignissen liegen die komischsten Situationen verborgen, zum Totlachen.«

Ich glaube nicht, dass ich sie überzeugen konnte, aber in der Zeit nach der Junta hätte nicht einmal Brecht höchstpersönlich sie überzeugen können. Wie hätte ich ihr zudem die unzähligen Witze erklären können, die Scherze, die wir damals unter Freunden fast täglich machten?

Das will überhaupt nicht heißen, dass wir ernsthafte Themen ad acta gelegt hatten und nur mehr Späße machten. Brecht feierte seine editorische Premiere unter der Junta mit *Gedichte 1* und *Gedichte 2* in meiner Übertragung bei einem Verlag, der mit Brecht seinen Einstand feierte: Filippos Vlachos' Verlag *Kimena*, der die griechische Lyrik und die griechische Buchmacherkunst grundlegend beeinflusst hat. Dieser Verlag wurde eines Abends in einem Bergdorf auf Korfu, in Filippos Vlachos' Elternhaus in Perithia, aus der Taufe gehoben, als wir Würste über dem offenen Kaminfeuer brieten und den Muskateller von Barba-Stamatis, seinem Vater, tranken.

Hier endet jedoch der Segen, und der Fluch beginnt für Brecht. Denn der politische Ansatz verdeckte den Schriftsteller und den Theatermann, machte ihn zur Parole, zur Flagge, zur geballten Faust, zu all dem, was Brecht auf die Palme trieb.

Am schlimmsten wurde ihm jedoch auf der Bühne mitgespielt. Plötzlich wurden alle von einer Manie erfasst, ›brechtisch‹ zu inszenieren und zu spielen. Und was bedeutete dieses ›brechtisch‹? Kurz gesagt, es wurde als ›Nichtspiel‹ verstanden. Ein – wenn auch nur psychopathologisch – interessanter Gegensatz: Außerhalb des Theaters war Brecht politische Parole und geballte Faust, Revoluzzertum anstelle von Revolution. Innerhalb des Theaters war es genau umgekehrt: unbeteiligte Haltung, neutrale Stimme, keinerlei Emotion und vor allem überhaupt keine Leidenschaftlichkeit. Wenn ein Schauspieler auf der Bühne diese Form der Schauspielkunst entfaltete und man ihn fragte, was er da mache, war die Antwort normalerweise: »Ich spiele brechtisch.«

Hier zeigte sich also die enorme Schwäche des Einäugigen, der unter den Blinden König ist. Denn bei all diesen Schwachstellen spielten meine Missgriffe, Fehldeutungen oder meine mangelnde Fähigkeit, das Richtige zu erklären und zu zeigen, eine entscheidende Rolle. Ich habe viele junge Schauspieler auf dem Gewissen. Zum Glück bin ich nur als ›Brechtologe‹ aktiv gewesen, und nicht als Revolutionär oder Stadtguerillero, sonst wären meinetwegen jede Menge Leute draufgegangen. Am Ende habe ich dazugelernt, aber auf Kosten der anderen, und das wird mir immer auf der Seele liegen.

*Die Geschichte des Ali Redscho* – das Theaterstück, mit dem ich während der Juntazeit bekannt wurde – ist schon vor der Militärdiktatur entstanden und wurde 1964 in der Zeitschrift *Theatro* publiziert. Von diesem Zeitpunkt bis 1970 hatte sich keine Schauspieltruppe für eine Aufführung interessiert und ich jede Hoffnung verloren, dass ich es jemals auf der Bühne sehen würde. *Die Geschichte des Ali Redscho* war die brechtischste all meiner schriftstellerischen Unternehmungen, es war diejenige, bei dessen Abfassung mir Brecht als geheimes Evangelium diente.

Das Stück war für mich bereits zu einer angenehmen Erinnerung geworden, als im Herbst 1970 zwei Schauspieler des Eleftheros Theatro auf mich zukamen und fragten, ob sie das Stück aufführen dürften. Damals hatte das Eleftheros Theatro gerade sein erstes Stück auf die Bühne gebracht, John Gays *Bettleroper*, in der Inszenierung von Jorgos Michailidis. Der Erfolg war so durchschlagend, dass die Theatertruppe sofort zur festen Größe wurde. Doch die Schauspieler fanden diese Erfahrung problematisch, da sie die Zusammenarbeit mit einem Regisseur als schwierig und als nur wenig kreativ empfunden hatten. Bevor sie mir den Vorschlag machten, hatten sie also beschlossen, den *Ali Redscho* im Kollektiv zu inszenieren, unter Mitwirkung aller an der Vorstellung Beteiligten. Darunter fielen außer den Schauspielern ich und Spyros Vrachoritis, der einzige Regie-Erfahrene, welcher der Gruppe angehörte – doch dieser sollte nicht ›autoritär‹ Regie führen, sondern als gleichberechtigter Koordinator der Vorstellung fungieren.

Als wir nach Beginn der Proben die Phase der äußerst gründlichen Werkanalyse absolviert hatten, was damals in Europa und besonders in Deutschland ein unumstößliches Prinzip war, machten wir uns auf die Suche nach dem Arbeitssystem, dem wir folgen wollten. Dass zwölf Schauspieler gleichzeitig darstellen und inszenieren sollten, machte die Sache nicht einfacher.

Am Ende beschlossen die Schauspieler, sich in Gruppen aufzuteilen. Jede Gruppe sollte für jede einzelne Szene einen Vorschlag ausarbeiten, dann wollte man ihn diskutieren, analysieren und auf der Bühne erproben, worauf die Vorschläge der anderen Gruppen mit demselben Prozedere folgen sollten. Es ist leicht vorstellbar, welch endlose Diskussionen, Konflikte und Auseinandersetzungen diese Arbeitsweise nach sich zog, da jede Gruppe ihren Vorschlag mit Zähnen und Klauen verteidigte und die anderen Gruppen ebenfalls alles daransetzten, ihn zu Fall zu bringen. Solch eine Tortur habe ich nie wieder miterlebt, weder vor noch nach *Ali Redscho*.

Es kam vor, dass ich aus der Haut fuhr und schimpfte oder alles hinschmeißen wollte, denn ich bin von Natur aus nicht gerade der geduldigste und ruhigste Mensch. Die Situation wurde, wie so oft, durch eine Verschmelzung der verschiedenen Vorschläge gerettet, und der Einzige, der dies zustande bringen konnte, war Spyros Vrachoritis, denn er verfügte über eine Gelassenheit, die an Apathie grenzte.

Dieses System war möglicherweise befreiend für die Gruppe, da es zum eigenverantwortlichen Handeln beitrug, wie Vrachoritis mit stoischer Miene behauptete. Produktiv war es jedenfalls nicht. Unter endlosen Streitereien, Drohgebärden und Vermittlungsversuchen hatten wir die Vorwoche der Premiere erreicht, die für den Ostersonntag des Jahres 1971 im Theatro Kalouta angesetzt war. Die Schauspieler lebten völlig abgehoben in ihrer eigenen Welt, und Vrachoritis und ich befürchteten schon das Schlimmste: dass wir es nicht bis zur Premiere hinkriegen würden. Die Truppe hatte das Theater für eine bestimmte Anzahl von Vorstellungen reserviert, und jede Verzögerung bedeutete weniger Vorstellungen. Wir, die wir nicht zur Truppe gehörten, hatten all unsere Hoffnungen auf die Haupt- und die Generalprobe gerichtet, die in der Karwoche am Mittwoch und Gründonnerstag stattfinden sollten. Das gibt's doch nicht, so sagten wir, zum Teufel, bei der Generalprobe werden sie zu sich kommen und aus ihrem seligen Schwebezustand erwachen.

Als hätten sie nur darauf gewartet, verwickelte sich die Truppe zwei aufeinanderfolgende Tage lang, während der Zeit der geplanten Generalprobe, in unendliche Diskussionen und ließ die Probenzeit ungenutzt verstreichen. So fand die Generalprobe nie statt. Wenn man mich heute fragte, was sie denn zwei Tage lang diskutierten, müsste ich sagen, dass ich es nicht weiß – nicht dass ich mich nicht erinnere, sondern ich weiß es einfach nicht. Denn es waren Diskussionen, die sich auf interne Dinge der Truppe bezogen, von denen alle Übrigen ausgeschlossen waren. So saßen wir also am Rand und kauten verzweifelt und todunglücklich an unseren Fingernägeln.

Irgendwann war es dann so weit, und das Konklave löste sich auf. In der Zwischenzeit waren die Techniker auf hundertachtzig, weil sie in die Kirche gehen wollten. Schließlich bat mich die Truppe, mit Maria Kalouta, einer der beiden Besitzerinnen des Theaters, zu sprechen und sie dazu zu überreden, dass wir am Karfreitagnachmittag und am Ostersamstag die beiden Proben durchführen durften.

Maria Kalouta schauderte, als sie das vernahm. »Hören Sie mal, Herr Markaris«, meinte sie, und das ›Herr Markaris‹ kam ihr schwer über die Lippen, denn sie hielt mich für einen Volltrottel. »Ich bin religiös und sperre mein Theater nicht am Karfreitag auf. Das wäre eine Sünde und ein böses Omen obendrein.«

Was sollte ich darauf sagen? Am Karfreitagnachmittag erstirbt in Griechenland jedes öffentliche Leben, und da wollten wir die Generalprobe ansetzen? Ich versuchte mit der Jugend und Unerfahrenheit der Schauspieler zu argumentieren.

»Die sind nicht unerfahren, die sind gottlos«, war die Antwort.

Nach meinem inständigen Flehen, das einem Gang nach Canossa gleichkam, stimmte sie schließlich zu, mir die Schlüssel zu überlassen, damit ich das Theater am Karfreitag und Karsamstag aufschließen konnte. »Wie Sie die Techniker überreden wollen, ist Ihre Sache«, sagte sie. »Ich halte mich da raus.«

Die Techniker hatten die Truppe irgendwie ins Herz geschlossen und stimmten einer Kompromisslösung zu: Am Karfreitag würden sie bis acht Uhr arbeiten und dann der Prozession des Epitaphs beiwohnen, und am Karsamstag bis neun Uhr mitmachen und danach zur Auferstehungsfeier gehen. So kamen wir doch noch zu den beiden Proben, wobei am Ende eine zweigeteilte Generalprobe daraus wurde – die eine Hälfte am Karfreitag und die zweite am Karsamstag, da die Diskussionen immer noch andauerten und die Techniker uns zur verabredeten Uhrzeit einfach im Stich ließen.

Wie konnte es nach all den Unzulänglichkeiten, den Harlekinaden, den Auseinandersetzungen und Eifersüchteleien zu diesem unglaublichen Erfolg kommen? Ja, er war so unglaublich, dass er uns alle, die Leute aus unserem Umfeld – und das waren viele – sprachlos machte, sogar die Zensurbehörde.

Etwas, worüber wir endlos diskutiert hatten, war die Frage, wie das Stück die Zensur passieren könnte. War es denn möglich, dass die Zensoren der Junta ein Stück durchgehen ließen, das subversiv, revolutionär und antikapitalistisch war und das sich nicht nur an Brecht, sondern auch an Marx orientierte? Eigentlich glaubte keiner von uns daran, dass das Stück unbeschadet durch die Mühlen der Zensur gelangen würde. Und dennoch wurde es mit ein paar wenigen Änderungen genehmigt. Darüber mag man sich wundern, doch es gibt einen einfachen Grund dafür: Das Stück spielt in einem Dorf im Südosten der Türkei, und die naiven Zensoren meinten, die Türkei würde darin vorgeführt. Deshalb genehmigten sie es. Als sie ihren Fehler bemerkten, war es zu spät. Der Erfolg war so groß, dass sie es nicht wagten, einzuschreiten.

Doch der Erfolg trat nicht unmittelbar ein, genauer gesagt, nicht gleich mit der ersten Vorstellung. Ganz im Gegenteil, in den ersten Tagen wollte die Truppe sogar vor lauter Panik den zweiten Teil kürzen, weil man ihn als zu ausschweifend empfand. In Wahrheit war die Inszenierung des zweiten Teils einfach unausgereift. Erst etwa zehn Tage nach der Premiere begriffen wir, dass die Kürzungen im ersten Teil stattfinden müssten und nicht im zweiten.

*Von den neuen Antennen kamen die*
*alten Dummheiten.*
*Die Weisheit wurde von Mund zu Mund*
*weitergegeben.*

So sagt Brecht in seinem Gedicht *Die neuen Zeitalter.* Nirgendwo findet dieser Spruch eine so augenfällige Bestätigung wie in Griechenland. Die griechischen Leser und Theatergänger lesen keine Kritiken, oder genauer gesagt, sie lassen sich nicht von Kritikern und ihren Analysen beeinflussen. Sie lassen sich von dem leiten, was ihnen ihre Tante, ihre Freundin oder ihr Freund, ihr Gevatter oder ihre Schwiegermutter erzählt. Daher braucht in Griechenland die Wahrheit des Öfteren lang, um sich zu verbreiten, da es eine Zeitlang dauert, bis sie von Mund zu Mund weitergegeben wird. Innerhalb von vierzehn Tagen hatte sich die Neuigkeit herumgesprochen, und wir waren in aller Munde.

Wenn ich sage, dass es ein großer Erfolg war, muss ich mich wenigstens einmal von den Prinzipien der Bescheidenheit und der Zurückhaltung entfernen und ohne Umschweife bekennen, dass die Vorstellung *Die Geschichte des Ali Redscho* im Theatro Kalouta die kollektivste und ausgewogenste Widerstandsäußerung gegen die Junta im Bereich der Kunst während der ganzen Zeit der Militärdiktatur war. Die Zuschauer kamen ins Theater und waren bereit, bei jeder sich bietenden Gelegenheit zu applaudieren. Sie spendeten Beifall bei den ersten Anspielungen, klatschten bei den Liedern, bekundeten ihre Anerkennung beim Anblick des Stacheldrahts, der das Dorf in Quarantäne bannte. Nach dem Ende der Vorstellung ging der Großteil des Publikums nicht gleich nach Hause. Es versammelte sich im Foyer zu einer Art politischer Zusammenkunft und wartete geduldig, bis die Schauspieler und die sonstigen Mitwirkenden herauskamen, um sie noch einmal mit Applaus zu überschütten, sich mit ihnen zu unterhalten, ihnen seine Bewunderung auszudrücken.

Der rauschende Applaus während der Vorstellung verebbte stets, wenn der Kurzfilm gezeigt wurde, in dem sich ein Traktor in einen Panzer verwandelte. Dionysios Martinengos hatte die Trickaufnahmen gemacht. Dionysios kannte ich schon ewig. Alles, was zum Filmemachen gehört, von Trickfilmaufnahmen bis zur Untertitelung, beherrschte er. Der Kurzfilm in *Die Geschichte des Ali Redscho* war seine einzige Arbeit für das Theater, und er hatte großen Erfolg damit.

Wenn ein Werk, sei es nun ein Erzähltext oder ein Theaterstück, ein Spielfilm oder eine Vorstellung, eine innere Dynamik aufweist, die es zu Höhenflügen führen kann, verwandeln sich selbst seine Schwachstellen in Tugenden. Ich schreibe das, weil bis heute Leute voller Bewunderung von der genialen Eingebung reden, die Hauptrolle des Stücks, die Rolle des Ali Redscho, von allen Schauspielern der Truppe spielen zu lassen. In jedem einzelnen Bild spielte ein anderer Darsteller die Hauptrolle. Nur war das überhaupt keine geniale Eingebung, sondern eine Notlösung, weil alle Schauspieler die Rolle des Ali Redscho spielen wollten und tausend Gründe vorbrachten, um die Rolle keinem anderen überlassen zu müssen. So tauchte irgendwann die Idee auf, ich glaube sie stammte von Spyros Vrachoritis, Ali Redscho solle in jeder Szene von einem anderen Schauspieler dargestellt werden, um die ausweglose Situation zu überwinden und bei den Proben weiterzukommen.

Wenn man mich heute, fünfunddreißig Jahre später, fragte, wer meiner Meinung nach Ali Redscho hätte spielen sollen, dann würde ich ohne Zögern antworten, wie ich es auch schon damals getan hätte: Nikos Skylodimos.

Aus der Zeit mit dem Elefthero Theatro sind mir viele Freundschaften geblieben. Doch keiner von ihnen – und ich hoffe, sie sind mir deshalb nicht böse – hatte die Ausstrahlung von Nikos Skylodimos. Nach dem tragischen Ende, das er seinem Leben setzte, stellten viele die klischeehafte Behauptung auf, er sei der beste Schauspieler seiner Generation gewesen. Wie beurteilt man, wer der beste Schauspieler seiner Generation ist? Stellt man eine Kommission zusammen? Führt man eine Wahl durch? Oder überträgt man einem Meinungsforschungsinstitut die Aufgabe, den besten Schauspieler der jeweiligen Generation zu ermitteln, so wie man den geeignetsten Premierminister oder den prominentesten Politiker ermittelt?

Purer Blödsinn, mit Verlaub. Nikos Skylodimos unterschied sich von den anderen guten bis sehr guten Schauspielern seiner oder auch anderer Generationen dadurch, dass er ein besessener Schauspieler war, oder um einen Ausdruck von Filippos Vlachos aus dem Gebiet der Ionischen Inseln zu gebrauchen: Er war ein »Rappelkopf«. Er hatte an keiner Schule die Geheimnisse seiner Kunst erlernt. Skylodimos trug das schauspielerische Genie in sich. Er führte keinen Dialog mit der Bühne, sondern setzte sich stetig mit ihr auseinander, in einem Kampf auf Leben und Tod. Irgendwann wurde ihm die Last zu schwer, und er brach zusammen. Was ihn jedoch zu Fall brachte, waren nicht die Auseinandersetzungen auf der Bühne, sondern die außerhalb und hinter ihr.

Proben beim Theater und Dreharbeiten beim Film kann ich gar nicht leiden. Einmal habe ich es versucht, ein Theaterstück zu inszenieren, und sagte mir dann: nie wieder. Ich bin Schriftsteller, und wie alle Autoren habe ich gelernt, meine Einsamkeit zu schätzen. Daher ertrage ich die lärmigen Proben nicht und noch weniger die noch lärmigeren Dreharbeiten. Dort fühle ich mich wie ein Fisch auf dem Trockenen. Ich muss jedoch gestehen, dass die Proben zu *Ali Redscho,* dieses Tohuwabohu aus Zwist und Begeisterung, Kreativität und Kleingeisterei, trotz aller Reibereien einen gewissen Reiz hatten. Und da ich Gegensätze liebe, denke ich auch heute noch voller Dankbarkeit an jene Zeit.

Wenn es ein Land auf der Welt gibt, das sich etwas darauf einbilden kann, Brecht auf verkehrte Weise für sich entdeckt zu haben, dann ist das Griechenland. Wir machen alles entweder verkehrt oder verspätet. Wir haben Brecht kennengelernt, als er in Europa mit seinem neuen Theater schon im Zenit seines Ruhmes stand und Theaterleute wie Dort oder Strehler sich auf ihn eingeschworen hatten. Die ersten Vorstellungen von Brecht-Werken in Griechenland, *Der kaukasische Kreidekreis* und *Der gute Mensch von Sezuan* durch Karolos Kouns Theatro Technis waren alles andere als ›brechtisch‹. Die erste Übersetzung des *Kreidekreis* erfolgte durch Odysseas Elytis aus dem Französischen. Der Text ging als herausragendes Beispiel lyrischen Theaters in die griechische Sprache ein, und Elytis' Verse mit der Musik von Manos Chatzidakis haben ihren Platz in der Geschichte des griechischen Liedes gefunden und werden heute noch gerne gesungen. Der korrekte Titel der Vorstellung hätte dennoch heißen müssen: »Odysseas Elytis – Manos Chatzidakis: Der kaukasische Kreidekreis, nach einem Theaterstück von Bertolt Brecht«.

In der Juntazeit schlug Brecht voll ein – als politisches Manifest und als politische Waffe. Der Schriftsteller und Regisseur hingegen fiel dem Applaus der griechischen Widerständler und Regimegegner zum Opfer.

Es ist witzig, dass wir Griechen auch in den Umsetzungen von Brechts Lehren auf verkehrte Weise Vorkämpfer waren. Die kreativste Umsetzung der Regeln des Epischen Theaters in Griechenland erfolgte nicht am Theater, sondern im Film. Als wir unter der Junta allesamt unaufhörlich über Brecht theoretisierten, unternahm Theo Angelopoulos ganz methodisch und ohne Trommelwirbel in Filmen wie *Tage von '36* und *Die Wanderschauspieler* eine Annäherung an Brecht. Wir haben nie darüber gesprochen, aber ich glaube, auch das war Teil seiner Absichten, als er mir eine Zusammenarbeit als Drehbuchautor vorschlug. Er wollte einen Mitarbeiter an seiner Seite wissen, der Brecht kannte und ihm bei der Umsetzung seiner Ideen helfen konnte.

Im Gegensatz zu der Art, wie Brecht am Theater verstanden wurde, war für Theo Brecht nie ein Dogma. Er ist nicht von seinem persönlichen Weg abgewichen, um Brechts Anweisungen zu folgen. Er hat die brechtischen Lösungen als Hilfsmittel dort gewählt, wo sie ihm erzählerische Freiheiten schenkten.

Das Interessante und sehr ›Brechtische‹ an Theo Angelopoulos' Experiment ist, dass er versuchte, eine Methode, die für das Theater formuliert und nur dort ausprobiert worden war, auf ein anderes Genre, nämlich den Film, zu übertragen. Genau das hatte auch Brecht getan, als er in seinem Stück *Im Dickicht der Städte* versuchte, die Regeln des Boxkampfes auf die Bühne zu übertragen. Es zählt zu Brechts interessantesten avantgardistischen Theaterarbeiten. Einige werden mich an dieser Stelle auf Godard hinweisen. Richtig, bei Godard gibt es einige brechtische Elemente wie etwa in *Masculin – féminin*, doch Theo Angelopoulos ist viel weiter gegangen, als – wie es Godard in seinem Film tat – ›brechtische‹ Szenentitel zu verwenden.

Der Punkt, wo sich Theos Filme und Brechts Theaterstücke am nächsten kommen, liegt meiner Meinung nach im Verhältnis der Plansequenz bei

Angelopoulos zum Bild in Brechts Stücken, das eine Studie wert wäre. Bekanntermaßen ist Angelopoulos der Großmeister der Plansequenz, die von sich aus eine kleine Geschichte in der Filmhandlung erzählt. Brechts Werke wiederum stützen sich nicht auf Akte oder Szenen, sondern auf Bilder. Die Bilder erzählen auch eine kleine Geschichte in der Handlung und fungieren nicht als Szene, sondern als eine Art dramatischer Plansequenz. Somit ist eine Entsprechung zwischen Angelopoulos' filmischer und Brechts dramatischer Plansequenz zu erkennen. Das zeigt sich auch an der Art, wie der Regisseur und der Schriftsteller diese Plansequenzen bzw. Bilder montieren. Theo Angelopoulos montiert sie so, dass die Autonomie dieser Plansequenzen fast immer erhalten bleibt. Das zeigt sich sehr deutlich in Filmen wie *Die Wanderschauspieler* oder *Der Blick des Odysseus*. Genauso machte es Brecht. Er montierte die autonomen Bilder zu einem Ganzen, dem Theaterstück – wobei die Autonomie jedes Bildes, wie etwa in *Mutter Courage* und noch mehr in *Furcht und Elend des Dritten Reiches*, gewahrt bleibt.

Über die Verwandtschaft zwischen dem Bild bei Brecht und der Plansequenz bei Angelopoulos hinaus gibt es noch weitere Gemeinsamkeiten im Werk der beiden Künstler. In *Mutter Courage* entspricht der Dreißigjährige Krieg nur bedingt dem Krieg Hitlers und Nazideutschlands, auch wenn Letzterer genau dieselben Länder heimsuchte. In *Arturo Ui* ist Ui nur bedingt mit Hitler gleichzusetzen. In beiden Fällen drängt Brecht Hitler und Deutschland in den Hintergrund, um den Zuschauer emotional zu entlasten und durch die historische Distanz *(Mutter Courage)* oder durch die Parabel *(Arturo Ui)* dessen Denk- und Urteilsvermögen wachzurütteln.

Dieselbe Methode befolgt auch Theo Angelopoulos. Die zeitlichen Umkehrungen und die Ungleichzeitigkeiten in *Die Wanderschauspieler* dienen gerade dazu, die emotionale Beeinflussung des Zuschauers durch die jüngste traumatische Geschichte einzudämmen und ihm die Reflexion und das Urteil über die historischen Ereignisse zu ermöglichen. In *Die Jäger* erfolgt kein historischer Rückgriff auf die jüngste Vergangenheit, sondern durch die Leiche des Partisanen wird die Vergangenheit in der Gegenwart aktualisiert.

Theo Angelopoulos' Zwiegespräch mit Brecht endet mit *Der große Alexander* (1980). Dort verleiht der historische Alexander der Große dem modernen Rebellenführer gleichen Namens die Dimension einer historischen Figur und den mit ihm verbundenen Ereignissen rund um die Stadtguerilla der siebziger Jahre die Größenordnung historischer Tatsachen. Durch eine rein brechtische Analyse, die sich auch Elemente der Verfremdung nutzbar macht (wie etwa der Marmorkopf Alexander des Großen, der durch die Dorfstraßen rollt, oder das rot verfärbte Brautkleid, das zugleich auf die mörderische Seite des revolutionären Rots hindeutet), gelangt Angelopoulos zu der prophetischen Schlussfolgerung: Ohne die optimistische Perspektive des Endes zu verleugnen (der kleine Alexander, der in die Städte geht), sieht er dennoch voraus, dass eine isolierte und losgelöste revolutionäre Aktivität eine kleine politische Gruppe rasch in die Dekadenz und zur sinnlosen Ermordung Unschuldiger führt. Die heutigen Aktionen des Terrorismus im Namen eines verwaschenen und äußerst konservativen Begriffs von Revolution scheinen ihm recht zu geben.

Der Film *Der große Alexander* fiel in Griechenland durch, und ich glaube, dass das auf genau die Art von Brecht-Rezeption zurückzuführen ist, die ich als negativ bewerte. Das heißt auf eine geschwätzige Auseinandersetzung mit Brecht und auf eine unkritische und unreflektierte Veröffentlichung eines jeden seiner Texte, was zu einer pervertierten und missverstandenen Annäherung an die brechtische Methode in Griechenland führte.

Da Brecht selbst nicht richtig verstanden wurde, konnten auch die brechtischen Elemente und die Anwendung seiner Methode in Angelopoulos' Werk nicht richtig eingeschätzt werden.

Was habe ich schließlich aus meiner Beschäftigung mit Brecht gewonnen? Und wie nützlich ist Brecht heute noch dem Krimischriftsteller?

Die größte Hilfe, die Brecht dem Romancier bietet, ist vielleicht die Distanzierung. Sie lehrt ihn, die Dinge aus der Ferne zu betrachten, sie zeigt ihm, wie man beobachtet, obwohl man sich mitten in einem Handgemenge befindet. Das äußert sich am deutlichsten an der Art und Weise, wie ich Athen und die Athener betrachte.

Von Brecht habe ich auch noch eine andere Begriffskonstellation gelernt, auf die er selbst ständig zurückgriff und die er in seinen Studien zur Sklavensprache ausführlich analysiert: Witz, Kommentar und Zitat.

Charitos' Witz grenzt an Sarkasmus, und seine Sprache ist voll von Kommentaren und Zitaten. Nun sollten diejenigen es nicht zu eilig haben, die mit gezückter Waffe darauf warten, alles analytisch auseinanderzunehmen. Charitos ist weder Brecht-Anhänger noch Marxist. Er gebraucht die Ironie, den Kommentar und das Zitat eher wie ein einfacher Mann. Vielleicht trifft sogar eine von

Brechts *Geschichten vom Herrn Keuner* noch besser auf ihn zu, die in etwa so geht:

Herr Keuner liebte die Katzen nicht. Aber wenn Katzen vor seiner Tür jaulten, stand er vom Lager auf, selbst bei Kälte, und ließ sie in die Wärme ein. »Ihre Rechnung ist einfach«, sagte er, »wenn sie rufen, öffnet man ihnen. Wenn man ihnen nicht mehr öffnet, rufen sie nicht mehr. Rufen, das ist ein Fortschritt.«

Genau das passiert auch mit Charitos. Ständig ruft er. Und Rufen ist Fortschritt. Nach Brecht zumindest. Ich stimme ihm zu, sei es auch nur, weil ich Katzen sehr mag.

## *Existentielle Etüden*

Ich gehöre zu den Menschen, die sich schnell langweilen und nicht gern immer dasselbe machen. Selbst heute, da ich mein Auskommen hauptsächlich mit dem Schreiben von Romanen finde, kann ich sie nicht am Fließband produzieren. Mir ist klar, dass dies zu Lasten meines Rufs als Autor und meiner Finanzen geht, aber die andauernde Beschäftigung mit ein und demselben Genre wäre tödlich für mich. Ich muss zwischendurch etwas anderes machen: entweder ein Drehbuch oder eine Übersetzung.

Das Übersetzen hat mich ein Leben lang begleitet. Vom Theater hatte ich mich bald verabschiedet, mit Drehbüchern hatte ich mich nur in ausgewählten Fällen und gelegentlich beschäftigt, doch die Übersetzung war und blieb meine lebenslange Weggefährtin.

Diese enge, fast eheähnliche Beziehung hatte zwei Gründe. Der eine ist im Lebensunterhalt zu suchen. Als ich 1976 beschloss, meinen Beruf offiziell als »Autor« anzugeben, musste ich eine Textsorte finden, die mir ein möglichst regelmäßiges Einkommen sicherte, damit ich nicht nur auf dem Papier Autor blieb. Und dieses Genre war die Übersetzung.

Um es gleich klarzustellen: Ich übersetzte fast nur Theaterstücke. Romane habe ich nur ganz wenige übertragen, jedenfalls nicht mehr als zwei oder drei. Denn damals wie heute lohnt sich die Übersetzung von Prosawerken nicht. Nicht nur weil die Honorare niedriger sind im Vergleich zur Theaterübersetzung, sondern sie werden einmalig ausbezahlt, und darüber hinaus hat der Übersetzer nichts davon. Genauer gesagt, wenn man einen Roman übersetzt, bekommt man eine vereinbarte Summe, und der Verleger erwirbt das Recht, diese Übersetzung unbegrenzt viele Male aufzulegen, ohne dass man auch nur den geringsten Anspruch auf ein weiteres Honorar hätte. Zwar kann die Theaterübersetzung auch immer wieder gespielt werden, doch man bekommt jedes Mal Tantiemen. Allein für die Übertragung von Franz Xaver Kroetz' Stück *Nicht Fisch noch Fleisch* bekam ich Tantiemen für drei verschiedene Inszenierungen.

Nun, zur Theaterübersetzung hat mich nicht nur der Wunsch geführt, meinen Lebensunterhalt zu bestreiten, sondern meine allgemeine Begeisterung für das Theater und insbesondere die für

Brecht. Mit Brecht verdiente ich denn auch 1970 mein erstes Geld, und zwar mit der Übersetzung von *Mutter Courage und ihre Kinder*, die ich damals für das Ensemble Paxinou-Minotis angefertigt hatte. Damit und mit anderen Werken von Brecht machte ich mir einen Namen als Übersetzer. Als ich das schriftstellerische Interesse am Theater verlor, blieb das Übersetzen das einzige Bindeglied zur Bühne.

Das war die eine Seite meines Verhältnisses zur Übersetzung. Es gibt jedoch noch eine andere, die vielleicht noch wichtiger für mich war. Es ist der Etüdencharakter der Übersetzung. Bis heute sehe ich sie als bedeutende sprachliche Übung an. Der große Unterschied zwischen Schreiben und Übersetzen ist folgender: Der Schriftsteller muss sich nur mit einer Sprache auseinandersetzen, der Übersetzer muss viele beherrschen.

Damit will ich Folgendes sagen: Wenn ein Autor in einem fort Romane über, sagen wir mal, gesellschaftliche Randgruppen schreibt, genügt es, wenn er die Sprache dieser Randgruppen beherrscht, um eine ganze Anzahl von Romanen zu verfassen. Die negativen Kritiken, die er irgendwann einstecken muss, haben dann weniger mit seiner sprachlichen Unzulänglichkeit als mit dem Wiederholungscharakter und der Erschöpfung seines Themas zu tun.

Im Gegensatz dazu benötigt ein Übersetzer für Shakespeare eine andere Sprache als für Molière, für Franz Xaver Kroetz eine andere als für Mark Ravenhill. Hier einige Beispiele aus meiner übersetzerischen Erfahrung: Als mich Jorgos Michailidis bat, Wedekinds *Lulu* zu übertragen, stand ich vor einem großen Problem. Das Stück war 1896 entstanden, und Wedekind greift mit einzigartiger Meisterschaft auf die Sprache des Großbürgertums der damaligen Zeit zurück. Welche Entsprechung sollte ich nun finden? Wenn ich in derselben Epoche bleiben wollte, konnte ich zwischen der Reinsprache Athener Prägung und der Sprachform der Ionischen Inseln – der Werke von Konstantinos Theotokis etwa – wählen. Nachdem ich eine Weile herumexperimentiert hatte, beschloss ich, das Stück sprachlich dreißig Jahre später anzusetzen und mich der Ausdrucksform der Generation der dreißiger Jahre anzunähern, der Sprache also, die Jorgos Theotokas in seinem Roman *Argo* verwendet. Sie entsprach der Ausdrucksweise des Großbürgertums in Wedekinds Stück am besten.

Als Karolos Koun bei mir die Übersetzung von Franz Xaver Kroetz' Stück *Bauern sterben* bestellte, stand ich vor einem gähnenden Abgrund. Die Figuren des Stücks waren keine Großbürger wie in *Lulu*, sondern Bauern aus Bayern, die in ihrer Mundart sprachen. So griff ich händeringend zum Telefon, um Kroetz, der mich schon von der Übertragung von *Nicht Fisch noch Fleisch* her kannte, um Hilfe anzuflehen.

»Was soll ich tun? Ich verstehe kein Wort Bayrisch«, sagte ich.

»Da sind Sie nicht der Einzige«, entgegnete er. »Auch die anderen Deutschen verstehen es nicht.«

»Haben Sie vielleicht eine hochdeutsche Fassung?«

»Ja schon, und ich kann sie Ihnen auch schicken, nur ist es nicht dasselbe Stück.«

Als ich es schließlich las, begriff ich, was er meinte. Die schriftdeutsche Fassung des Stücks klang kalt und indifferent. Da beschloss ich, mir ein deutsch-bayrisches Wörterbuch zu kaufen, und machte mich daran, den bayrischen Text mit Hilfe des Lexikons und der hochdeutschen Fassung zu lesen. In der Mitte etwa hatte ich begriffen, worum es ging, und damit begann erneut die Marter. Denn nun musste ich eine Sprachform auf Griechisch finden, die dem Bayrischen entsprach. Klang die hochdeutsche Fassung kühl und indifferent, würde eine Fassung im Standardgriechischen nicht anders klingen. Das Drama war, dass ich keinen analogen griechischen Dialekt einsetzen konnte. Anfang des vergangenen Jahrhunderts war das dialektale Sprechen durch das Revuetheater in Griechenland zu einer Lachnummer verkommen und somit für meine Zwecke unbrauchbar geworden. Legte man einer Bühnenfigur einen Dialekt in den Mund, so würde man sie entweder als dummdreist, ungebildet oder als Wiedergänger des Komikers Kostas Chatzichristos verunglimpfen. In jedem dieser Fälle würde der Zuschauer entweder amüsiert oder genervt reagieren. So war ich gezwungen, mich hinzusetzen und eine eigene Sprache zu »bauen«, die keinem bestimmten Idiom entsprach und dennoch – vorwiegend aufgrund der von mir gewählten grammatischen Endungen – idiomatisch klang.

Ich erinnere mich an ein Gespräch mit Peter Brook, als er vor Jahren nach Athen kam, um das Stück *Mahabharata* zu präsentieren.

»Die Sache mit der Übersetzung ist die, dass man die Sprache wählt, die man im übersetzten Text verwenden will. Nehmen wir mal Shakespeare: Wenn ein Übersetzer eine Entsprechung für die englische Sprache seiner Zeit suchte, wäre das verlogen, denn heutzutage spricht niemand mehr die Sprache Shakespeares. Doch wenn ein anderer Übersetzer die heute gesprochene Sprache verwendete, so wäre das Betrug, denn Shakespeare sprach nicht wie wir. Eine Möglichkeit wäre, der

Übersetzer verwendete die durch die Zeiten erhalten gebliebenen Wörter. So wäre der Text weder von Shakespeares Sprache noch von der heutigen Sprechweise allzu weit entfernt.«

Ein guter Übersetzer sollte zwei Sprachen respektieren: die des Originals und seine eigene. Doch der Schwerpunkt liegt auf seiner eigenen Sprache, denn sollte er etwas nicht treffend in der eigenen Sprache zum Ausdruck bringen können, so muss er eine andere Lösung finden, selbst wenn er dabei von einer getreuen Übersetzung des Originals abweicht. Es ist besser, dem Original nicht vollkommen treu zu sein, als die eigene Sprache zu misshandeln.

Was aber passiert, wenn der Übersetzer die Sprache des Originals gar nicht beherrscht? Wie kann man Ibsens Sprache respektieren, wenn man kein Norwegisch kann? Die Realität sieht so aus: Der »Übersetzer« sucht sich ein paar Übersetzungen in Sprachen, die er beherrscht, legt sie vor sich hin und greift zur Bastelschere. Hier stellt sich zunächst die Frage der Treue zum Original. Woher will man wissen, was die anderen Übersetzer alles falsch gemacht oder missverstanden haben? Wie kann man das beurteilen oder kontrollieren? Mit einer Mehrheitsentscheidung? Nimmt man die Lösung, in der zwei von drei Übersetzern übereinstimmen?

Das alles ist auch eine Frage des Anstands: Wie

kann man die Arbeit eines anderen ausbeuten, ohne ihn um Erlaubnis zu fragen und ohne ihm einen Groschen zu bezahlen? Wie ist es möglich, die Übersetzung eines Kollegen zu stehlen (ohne Anführungszeichen) und das Honorar allein einzustreichen? Ich bin weder ein Heiliger noch rührselig veranlagt. Doch wollen wir das geistige Eigentum schützen, bedeutet der Diebstahl einer Übersetzung nichts anderes als der Diebstahl geistigen Eigentums.

Folgende Frage habe ich unzählige Male gehört: Was soll man tun, wenn man Stücke aus Sprachen übersetzen lassen will, für die es keine anerkannt guten Übersetzer gibt? Hier kann man auf eine Lösung von Peter Brook zurückgreifen. Als er 1981 Čechovs *Kirschgarten* auf den Spielplan setzte, wurde Jean-Claude Carrière mit der Übersetzung betraut, obwohl er kein Wort Russisch konnte. Einer Dame mit Russischkenntnissen erteilte man den Auftrag, eine wortwörtliche Übersetzung zu liefern. Die sollte weder hohe Literatur noch eine professionelle Theaterübersetzung sein, sondern möglichst treu und neutral. Jean-Claude Carrière nahm danach diese wortwörtliche Übertragung und machte daraus den endgültigen Text für die Inszenierung, wobei er nicht als Übersetzer, sondern als Bearbeiter fungierte.

Peter Urban, der nachweislich beste Čechov-Übersetzer für die deutsche Bühne, erzählte mir einmal, er sei es müde, sich immer wieder Inszenierungen von Čechov anzusehen und dabei, obwohl im Programm der Regisseur als Übersetzer genannt wird, seinen eigenen, allerdings verstümmelten Text zu hören. Selbiges geschieht auch hier bei uns, vorzugsweise mit Čechov. (Und hier beziehe ich mich natürlich nicht auf meinen unvergessenen Freund Jorgos Sevastikoglou, der hervorragend Russisch konnte.)

Ich will um Himmels willen nicht behaupten, Regisseure sollten nicht übersetzen, um den Übersetzern nicht den Broterwerb streitig zu machen. Jeder Regisseur kann Romane schreiben und Theaterstücke übersetzen, so wie auch jeder Schriftsteller oder Übersetzer Regie führen kann. Denn es gibt Regisseure, die herausragende Übersetzer sind, Minos Volanakis oder Vassilis Papavassiliou etwa.

Das Problem spitzt sich zu, wenn sich verschiedene Regisseure als Übersetzer vorzugsweise antiker Tragödien bezeichnen, doch allgemein bekannt ist, dass sie kein Wort Altgriechisch können. Sie investieren etwas Geld in ein Lexikon der altgriechischen Sprache, decken sich mit den Übersetzungen anderer ein, schnippeln daran herum und weiden sie aus, um mit einer Arbeit, die sie von erfahrenen Übersetzern abgekupfert haben, selbst die Übersetzungsrechte an der Inszenierung einzukassieren. Seit kurzem setzen sie auch gern ihren Namen neben denjenigen des Übersetzers, selbst wenn sie an der Übertragung nicht mitgewirkt haben, sondern weil sie zum Übersetzer sagen: »Also weißt du, das hier passt mir nicht. Können wir das nicht so sagen?«, oder: »Das hier klingt gar nicht gut. Können wir das nicht anders ausdrücken?«

Ich liebe und schätze die Engländer, die da ihre Grundsätze haben. Kürzlich las ich nämlich in einer Besprechung von Čechovs *Möwe* im *Times Literary Supplement*, die Bearbeitung sei durch Martin Crimp erfolgt. Sie stammte demnach nicht von der Regisseurin Katie Mitchell, sondern von einem bekannten und anerkannten Theaterautor. In Griechenland jedoch ist der Regisseur ein Hansdampf in allen Gassen, Übersetzer und zugleich Bearbeiter, ganz wie es ihm gerade in den Kram passt.

Wenn ich die *Faust*-Ausgabe in meinem Bücherregal betrachte, habe ich das Gefühl, dass mein übersetzerisches Lebenswerk gekrönt ist und ich nichts mehr hinzuzufügen habe. Nach meiner Auseinandersetzung mit Goethe, die nicht nur eine Auseinandersetzung zwischen Dichter und Übersetzer war, sondern auch ein Ringen um die geeignete Sprachform, habe ich das Interesse am Übersetzen verloren. In dieser Hinsicht reizte es mich höchstens noch, den *Faust* zu vollenden und den *Urfaust*, das *Faust-Fragment* von 1790 und die *Paralipomena* zu übertragen.

Ich weiß nicht, ob und wann ich mein Vorhaben in die Tat umsetzen werde. Hatte ich denn jemals daran gedacht, fünf Jahre meines Lebens für eine *Faust*-Übersetzung zu opfern? Wenn mich Freunde und Leser aus Deutschland fragen, wie viel Zeit mich die Übertragung gekostet hat, dann lautet meine Antwort: fünf Jahre und zwei Kriminalromane.

Das Abenteuer der *Faust*-Übersetzung begann mit einem Anruf des damaligen künstlerischen Direktors des Griechischen Nationaltheaters, des unvergesslichen Nikos Kourkoulos.

»Sitzt du oder stehst du?«

»Wieso fragst du?«

»Willst du dich nicht lieber hinsetzen?«

Und als ich schließlich Platz genommen hatte, rückte er mit seinem Anliegen heraus. Für eine Inszenierung von Jannis Kokkos am Nationaltheater sollte ich beide Teile des *Faust* übersetzen. Als ich angesichts dieser Mammutaufgabe, die er mir zumutete, Einwände vorbrachte, nahm er mir mit folgender Bemerkung den Wind aus den Segeln:

»Das ist ein Lebenswerk. So eine Gelegenheit bietet sich nur einmal.«

An diesem Punkt schnappte ich nach dem Käse in der Falle, und zwar aus zwei Gründen: zum einen aus Eitelkeit, zum anderen aufgrund meines schlechten Gedächtnisses. Der Ausdruck »Lebenswerk« hatte es meiner Eitelkeit angetan. Mich packte der Hochmut: Hatte ich nicht auch das Recht auf ein Lebenswerk? Ich meinte ja und sagte zu. Mein zweiter Fehler war, dass mir in dem Moment Wagners Satz aus der ersten Szene des *Faust* nicht in den Sinn kam:

*Ach Gott! die Kunst ist lang;*
*Und kurz ist unser Leben.*

Wenn man sich rechtzeitig an diese Verse erinnert, wird man niemals den *Faust* übersetzen, da die Kunst im *Faust* so lang ist, dass man ihr sein ganzes Leben widmen muss, wie es auch Goethe getan hat.

Eigentlich sollte ich gar nicht so viel davon reden, wie ich den *Faust* übersetzte, sondern wie ich mich drehte und wendete, um ja nicht anfangen zu müssen. Einmal sprach ich mit Tankred Dorst in

Bonn darüber, wie viele Anlässe ein Autor finden kann, um das Schreiben vor sich herzuschieben. Schade, dass ich damals noch nicht mit der *Faust*-Übertragung begonnen hatte. Ich hätte das Gespräch sehr bereichern können. Wochenlang saß ich vor meinem Computer und starrte auf den dunklen Bildschirm, oder ich erfand verschiedene Ausreden, um mich auf den Straßen herumzutreiben. Ich traute mich an keinen einzigen Vers heran, da mich ›Furcht‹ und ›Mitleid‹ im aristotelischen Sinn erfasst hatten: ›Furcht‹ vor dem Text, der vor mir lag und den ich heimlich beäugte, und ›Mitleid‹ mit mir selbst, da ich fürchtete, mir die Finger zu verbrennen.

So vergingen einige Monate, und ich war an die Grenzen meiner Kräfte gelangt und drauf und dran, allen möglichen anderen Leuten den Teufel auf den Hals zu wünschen, als ich nach vielfacher Lektüre auf einen genialen Kunstgriff Goethes stieß. Goethe hatte die Quintessenz des Stücks in einer komischen Szene par excellence versteckt. Es handelt sich um die Stelle in der dritten Szene des *Faust I* im Studierzimmer, wo Mephistopheles dem Studenten die Gegenstände der Wissenschaften erklärt (Vers 1908–41). Der Monolog endet mit folgenden Worten:

*Encheiresin naturae nennt's die Chemie,*
*Spottet ihrer selbst und weiß nicht wie.*

Encheiresin naturae: ein griechischer Begriff (im Akkusativ) und ein lateinisches Wort. Nicht zufällig entlehnt Goethe diesen Terminus von seinem Straßburger Chemieprofessor Spielmann. Er borgt ihn sich aus, um seinerseits jede Art von ›Natur‹ ›in die Hand zu nehmen‹: die Natur (das heißt die physische Welt), die Metaphysik und die menschliche Natur. Das Individuelle und das Universelle im *Faust* gehen aus diesem ›In-die-Hand-Nehmen‹ der Natur hervor. Die Ironie ist, dass *Faust*, der »Philosophie, Juristerei und Medizin und leider auch Theologie« studiert hat, nicht imstande ist, diese »encheiresin naturae« zu beschreiben. Das übernimmt Mephistopheles in sarkastischer Weise durch die Aufhebung der Wissenschaften.

Der *Faust*-Übersetzer muss nun eine Operation an seinem eigenen sprachlichen Werkzeug vollbringen, wenn er dieser »encheiresin naturae« ebenbürtig sein will. Da verstand ich, dass ich zunächst einmal herausfinden musste, welches sprachliche Rüstzeug dem Original am besten diente. Viele glauben, bei einer Übersetzung handle es sich um eine getreue Übertragung des Originals. Doch mehr als alles andere geht es dabei um den Sprachstil. Kann sein, dass jemand dem Original treu bleibt, aber den Kontakt zum sprachlichen Stil verliert, worauf er zwar den Sinn des Textes erfasst, doch das Kunstwerk bleibt ihm verschlossen. Dies macht es dem griechischen Übersetzer eines klassischen Werks der Weltliteratur besonders schwer. Als ich begann, mich mit den bereits vorhandenen griechischen *Faust*-Übersetzungen zu beschäftigen, war ich in zweifacher Hinsicht überrascht. Zunächst einmal, dass ausnahmslos alle Übertragungen in einer kompromisslosen Volkssprache ohne Abweichungen in die Hochsprache verfasst waren.* Selbst Konstantinos Chatzopoulos' hervorragende Übersetzung des *Faust I* verwendete andächtig die Dimotiki seiner Zeit, auch wenn man

* Die neugriechische Literaturgeschichte war vom 19. Jahrhundert an von dem Gegensatz zwischen (gesprochener und geschriebener) Volkssprache [Dimotiki] und (vorwiegend nur geschriebener) Reinsprache [Katharevousa] geprägt. Unversöhnlich standen sich die ideologischen Lager gegenüber, und Rückgriffe auf andere Sprachebenen galten als verpönt, obwohl gerade sie den unerhörten Reichtum der griechischen Sprache ausmachten. Die neugriechische Gemeinsprache entwickelte sich Ende des 19. und Anfang des 20. Jahrhunderts auf der Grundlage der Volkssprache, basierend auf einer allmählichen Annäherung von Dimotiki und Katharevousa. (Anm. der Übersetzerin)

dabei feststellen muss, dass die Volkssprache nicht immer imstande ist, die sprachlichen Ebenen des *Faust* in ihrer ganzen Tragweite wiederzugeben. Goethe wählt im *Faust* eine breitgefächerte Sprache und Metrik. Die Sprache des *Faust* ist nicht nur die Sprache der Goethezeit, sondern auch das Deutsch des 16. und 17. Jahrhunderts sowie die Sprache, die Luther für die Übersetzung der Bibel ins Deutsche verwendet hat. Goethe verweist des Öfteren auf die Heilige Schrift und überträgt Ausschnitte daraus in seinen Text, manchmal in Luthers Übersetzung und manchmal in seiner eigenen. Wie sollte all dies Platz in einer einzigen Sprachform, und zwar der Dimotiki, finden?

Die zweite große Überraschung ergab sich aus dem veralteten Eindruck dieser Sprache. Das Problem ist bekannt: Shakespeares oder Goethes Sprache klingt nie veraltet, die Sprache ihrer Übersetzer jedoch schon. Doch das meine ich gar nicht. Alle griechischen Übersetzungen des *Faust* sind innerhalb von vierzig Jahren erschienen, zwischen 1917 und den sechziger Jahren. Und trotzdem hatte ich Verständnisschwierigkeiten. Oft musste ich Rat im Wörterbuch suchen. Diese Dimotiki klang unerträglich altmodisch und überholt. In solchen Augenblicken begreift man die Wunden, die der Sprache über Generationen hinweg durch puristische oder polemische Verwendung geschlagen wurden. Einige bemerkenswerte Übertragungen leiden an genau dieser Schwäche. Möglicherweise waren wir Jahrzehnte lang stolz darauf, dass die Dimotiki alle Ebenen und Inhalte auszudrücken vermag, doch heute bemerken wir erschrocken, wie eingerostet und verstaubt sie klingt.

Ich muss gestehen, dass auch ich trotz meiner Vorbehalte versuchte, den Text in eine einheitliche Sprache zu übertragen: in die neugriechische Gemeinsprache. Ein wenig war es der Einfluss früherer Übersetzungen (Chatzopoulos', genauer gesagt), ein wenig meine eigene Leichtfertigkeit, die mich in diese Richtung führten und so weit brachten, dass ich anfänglich Goethes zahllose Zitate des Neuen Testaments in Pallis' volkssprachlicher Übertragung übernahm. So geschah mir, was Brechts Galilei seinen Schülern in der 9. Szene des Stücks sagt:

»Also werden wir an die Beobachtung der Sonne herangehen mit dem unerbittlichen Entschluss, den Stillstand der Erde nachzuweisen! Und erst wenn wir gescheitert sind, vollständig und hoffnungslos geschlagen und unsere Wunden leckend, in traurigster Verfassung, werden wir zu fragen anfangen, ob wir nicht doch recht gehabt haben und die Erde sich dreht!«

Als ich mir meine Niederlage eingestehen musste und meine Wunden leckte, erinnerte ich mich an die Unterscheidung zwischen dem Individuellen und dem Universellen im *Faust*. Die Nähe von Goethes individuellem Umfeld – seiner gesellschaftlichen, politischen, poetischen und intellektuellen Situation – zu Aristophanes' Satire beschränkt sich nicht nur auf den Stil und das Genre, sondern umfasst auch den Inhalt. Entsprechende Anspielungen, Aristophanes' ironischer Kommentar und die Seitenhiebe auf zeitgenössische Politiker, Militärs und Reiche kommen auch bei Goethe vor. Aristophanes greift Euripides an und macht sich in *Die Frösche* und in *Die Acharner* über ihn lustig, wie es Goethe mit den Dichtern und Denkern seiner Zeit tut. Außerdem verweist Goethe im zweiten Akt des Zweiten Teils direkt auf Aristophanes' *Frösche* und die *Weibervolksversammlung*, indem er die Figur der Empuse aus diesen Stücken entlehnt. Und Goethes Helden stellen sich in der Walpurgisnacht und im Walpurgisnachtstraum auf ähnliche Weise vor wie Lamachos in den *Acharnern* und Hermes im *Reichtum*.

Über diese Analogien zwischen Aristophanes und Goethe hinaus verfügen wir auch über den Erfahrungsschatz zahlreicher und verschiedenartiger Übersetzungen von Aristophanes ins Neugriechische. Die von den Aristophanes-Übersetzern vorgeschlagenen Lösungen erwiesen sich für meine Arbeit als unendlich wertvoller als alle Ansätze der früheren *Faust*-Übersetzer. Folglich hatte ich guten Grund, mich für die Übertragung des Individuellen im *Faust* an Aristophanes zu orientieren und mir die reiche Erfahrung seiner Übersetzer zunutze zu machen. Doch auch Autoren wie der von den Ionischen Inseln stammende Andreas Laskaratos oder Kostas Karyotakis in seinen *Elegien und Satiren* boten bemerkenswerte metrische Lösungen und zahlreiche Beispiele zur Nachahmung an.

All dies löste das Problem des Universellen im *Faust* jedoch bei weitem nicht. Denn wenn man sich mit diesem Teil des Werks beschäftigt, dann begreift man sehr schnell, dass man ein spezielles sprachliches Werkzeug benötigt, das die verschiedenen Entwicklungsstadien der griechischen Sprache durch die Jahrtausende widerspiegelt. Nur so kann man den Ansprüchen genügen, die Goethes Text stellt. Die *Faust*-Übertragungen in die Dimotiki leiden unter demselben Manko wie jede andere Übersetzung, welche die verschiedenen Formen und Phasen der griechischen Sprachentwicklung ignoriert. Die Schwierigkeit liegt nicht so sehr in der Formulierung als in den Anforderungen an den

Leser, von dem dasselbe sprachliche Rüstzeug gefordert wird. Was zumindest für die jüngeren griechischen Leser überhaupt nicht leicht ist, denn sie haben die Sprache auf ganz andere Weise erlernt. Ich will mich auf ein Beispiel beschränken, und zwar auf Goethes Bibelzitate aus dem Neuen Testament. Sie bilden ein großes Problem für die Übertragung ins Neugriechische. Goethe zitiert zum einen aus Luthers Übersetzung, zum anderen passt er die Übersetzung seiner eigenen Sprache an (wie es auch Shakespeare mit seinen Bibelzitaten getan hat). Ein vollkommen legitimes Vorgehen, da es sich in beiden Fällen um eine Übersetzung handelt. Doch was soll der griechische Übersetzer tun, der das Original des Neuen Testaments vor sich hat? Soll er eine Übertragung ins Neugriechische vorziehen oder beim Originaltext bleiben? Mein ursprünglicher Gedanke war, die Zitate in neugriechischer Übersetzung einzufügen. Es werden ja auch antike Tragödien oder die Stücke von Aristophanes ins Neugriechische übersetzt. Und dennoch ist es nicht dasselbe. Denn die Sprache von Aischylos oder Euripides wird nicht mehr gesprochen, anders als die Sprache des Neuen Testaments, die in allen griechisch-orthodoxen Kirchen auf der ganzen Welt zu hören ist. Der griechische Gläubige wächst mit dieser Kirchensprache auf.

Also zog ich es vor, die Zitate in der Sprache des Neuen Testaments zu belassen, und bemühte mich, so weit wie möglich bei dieser Lösung zu bleiben.

Sobald man dieses Sprachproblem überwunden hat, stößt man auf die Schwierigkeit des Versmaßes. Goethe hat in seinem Werk eine unglaublich vielfältige Metrik angewandt, deren Übertragung in eine andere Sprache Wissen, aber auch Phantasie erfordert. Als Beispiel soll hier das metrische Feuerwerk genügen, das der Dichter im dritten Akt des *Faust II* entfacht. Dabei handelt es sich um ein wahres Höllenfeuer, durch das der Übersetzer gehen muss. Die ›Helena-Tragödie‹ wandelt sich im Neugriechischen in eine ›Übersetzer-Tragödie‹. Zunächst leiht sich Goethe aus der antiken Metrik die Jamben und Trochäen, formt sie um und passt sie einem – der deutschen Sprache gemäßen – eher der Betonung als der Silbenlänge folgenden Versmaß an. Darüber hinaus unterliegen sämtliche metrischen Alternativen einem einheitlichen System. Im *Faust* führt die Verskunst von den antiken Metren zu einem reimlosen, jambischen Pentameter (dem shakespeareschen Blankvers), um darin zu enden, dass Helena und Faust ihre Liebe in Reimpaaren zum Ausdruck bringen, die direkt auf die Minnelieder verweisen, auf die höfische Liebesdichtung des Mittelalters und auf die Verskunst der Troubadoure.

Es ist für den griechischen Übersetzer technisch unmöglich, aber auch praktisch zwecklos, all diese Vers- und Metrikvarianten nachzuvollziehen. Der griechische Leser und Theaterbesucher ist durch die neugriechischen Übertragungen der antiken Tragödie und der attischen Komödie an den Gebrauch eines freien Verses gewöhnt, was auch für die Shakespeare-Übersetzungen gilt. Somit würde, selbst wenn ich das Unmögliche versucht hätte und Goethes antikisierender Metrik gefolgt wäre, das Ergebnis den griechischen Leser an den Stellen befremden, wo Goethe nicht nur metrisch, sondern auch strukturell der antiken Tragödie folgt (Vers 8488 bis 9181). Daher hielt ich es für richtig, der neugriechischen Tradition zu folgen. So ist die Übersetzung bis Vers 9218, wo der Turmwächter Lynkeus zu sprechen beginnt, im freien Vers, was zumindest die Andersartigkeit des Textes bis zu dieser Stelle bewahrt.

Ein anderes – weniger technisches als essentielles – Problem ist der Reim. Die zeitgenössischen griechischen Übersetzer haben nicht nur das Versmaß, sondern auch den Reim aus den griechischen Übersetzungen der fremdsprachigen Klassiker verbannt. Das soll kein Tadel sein, denn wer dem

Original auch darin treu bleiben möchte (und in Goethes Fall ginge durch die Abschaffung von Metrik und Reim viel vom Reichtum des Textes verloren), hat das enorme Problem zu bewältigen, den dramaturgischen Zusammenhalt und die dramaturgischen Konflikte des Textes durch Vers und Reim auszudrücken, noch dazu auf eine Weise, die dem darin nicht ausgebildeten griechischen Schauspieler die Darstellung und dem daran ebenfalls nicht gewöhnten griechischen Zuschauer die Rezeption des Werks ermöglicht.

Verzweifelt suchte ich nach einer Lösung oder zumindest nach einer Orientierungshilfe und landete bei den alten poetischen Formen der Katharevousa, der gebildeten Reinsprache. Nur dort findet man »Labsal, um sich zu erquicken«. Ich fand es insbesondere bei den Romantikern der Athener Schule. Sie kommen Goethe und seiner Zeit in der neugriechischen Dichtung am nächsten. Darüber hinaus stand die Athener Schule, die vorwiegend durch die französischen Romantiker geprägt wurde, auch unter Lord Byrons Einfluss, den wiederum Goethe tief verehrte, sowie unter dem Einfluss der deutschen Romantiker, man denke nur an Alexandros Rhizos Rangavis.

Nehmen wir einmal an, man hätte für alle metrischen und verstechnischen Probleme eine Lösung finden können (etwas, was nur als Arbeitshypothese zulässig ist), so hat die Qual dennoch kein Ende. Denn sobald man sich von der Angst vor dem Vers und dem Metrum befreit hat, sieht man sich der mittelalterlichen Überlieferung gegenüber. Für diese von Dämonen, guten und bösen Geistern und von schwarzer Magie regierte Welt gibt es weder in der byzantinischen noch in der neugriechischen Tradition eine Entsprechung. Und noch weniger auf dem Theater. Das Kretische Theater als kurzes Zwischenspiel der Renaissanceliteratur reicht nicht aus, um das riesige Vakuum zu überbrücken, das sich im damaligen Griechenland auftat, da es jahrhundertelang von Europa abgeschnitten war.

Zum anderen ist der orthodoxe Glaube geradezu weltlich im Vergleich zu jenem, der in Europa im Mittelalter dem Gläubigen einen alltäglichen Kontakt mit den übernatürlichen Elementen ermöglichte. Man kann sich zwar vorstellen, dass ein orthodoxer Christ sich vom Priester den Teufel austreiben ließ, aber nicht, dass die Orthodoxen auf Erden mit den bösen Geistern Umgang pflegten, in Versen und in Prosa mit ihnen Gespräche führten. Deshalb gibt es in Griechenland das Gedankensystem nicht, das im ausgehenden Mittelalter in Europa errichtet und auf Dichtung, Philosophie und Theologie übertragen wurde. Für ein solches System fehlt bei uns sowohl die religiöse sowie die literarische als auch die theatralische Tradition.

Das zwingt den griechischen Übersetzer klassischer Werke der Weltliteratur immer wieder dazu, Zuflucht in der Antike zu suchen, da er einem riesigen Vakuum gegenübersteht, das sich bis zur Periode des Naturalismus Anfang des zwanzigsten Jahrhunderts ausdehnt.

Darüber hinaus gibt die Antike ein System vor, wo das Weltliche und das Überweltliche, das Natürliche und das Übernatürliche vertikal übereinander existieren, gleichzeitig jedoch aber auch horizontal nebeneinander. Ein System, das die Götter die Gestalt eines Menschen annehmen lässt und die Menschen dazu bringt, in ständigem irdischen Kontakt mit den Göttern zu sein. Und wenn die Menschen dort nicht mit den bösen Geistern in Konflikt geraten, dann mit den Göttern, von denen sie in gleicher Weise vernichtet werden wie ihre mittelalterlichen Leidensgenossen von den Geistern des Bösen. Die Suche nach einem Bezug oder einer Entsprechung führte mich unausweichlich viel näher an die Antike heran als an Byzanz oder die Orthodoxie.

Schließlich gelang es mir, das Universelle im *Faust* auf Umwegen und über Abweichungen einzufangen. Nicht ausgeschlossen, dass ich manchmal sogar ein paar richtige Lösungen fand. Doch selbst heute, im Nachhinein, verspüre ich das Fehlen eines Rüstzeugs, das den sprachlichen und inhaltlichen Reichtum eines Werks genau hätte wiedergeben können, dessen Autor sich nicht nur der poetischen Sprache bediente, sondern auch vieler anderer Sprachen – der Philosophie, der Wissenschaft, der Physik und Morphologie – und darin ständig zwischen Himmel und Tartaros, zwischen der Antike und seiner eigenen Epoche, zwischen dem Natürlichen, dem Übernatürlichen und der Metaphysik hin und her wechselt.

Ich hatte nun schon mit der Arbeit angefangen, als ein Treffen mit Jannis Kokkos stattfand, in dem einige Fragen geklärt wurden. Zunächst einmal wollte er nicht genau Goethes *Faust* inszenieren, sondern einen *Faust*, der zwar auf Goethes Werk beruhen, jedoch auch Ausschnitte aus allen anderen *Faust*-Versionen enthalten sollte. Und zweitens wollte er nicht am Griechischen Nationaltheater inszenieren, sondern war auf der Suche nach einem anderen Spielort, der ihn bühnenbildnerisch nicht so sehr einschränken würde wie die italienische Bühne des Nationaltheaters.

Ich setzte also meine Arbeit fort, doch nach anderthalb Jahren rief mich Nikos Kourkoulos erneut an, um mir mitzuteilen, dass er leider keinen geeigneten Spielort finden konnte, der Jannis Kokkos zufriedengestellt hätte, und deshalb die Vorstellung nicht stattfinden würde.

Die Begründung war vollkommen überzeugend, da ich von Anfang an gewusst hatte, dass Jannis Kokkos nicht auf der Bühne des Nationaltheaters inszenieren wollte. Insgeheim jedoch glaube ich, dass die Aufführung der *Orestie*, die er im vorangegangenen Sommer in Epidauros inszeniert hatte, seine Entscheidung beeinflusst hat. Die Angriffe der Kritik waren so heftig und ungerecht gewesen, dass er vielleicht aus diesem Grund beschlossen hatte, kein Projekt mehr in Griechenland durchzuführen. Warum sollte sich ein international begehrter Regisseur auch in Griechenland mit dem *Faust* herumschlagen?

Wie gesagt, keiner hat mir diese Erklärung gegeben. Es handelt sich nur um einen Verdacht. Ich jedenfalls stand nun mit der ersten Fassung des *Faust I* und dem ersten Akt des *Faust II* da und wusste nicht, was ich damit tun sollte – außer, meine Übersetzung in tausend Stücke zu reißen.

Da betrat Samis Gavriilidis, mein griechischer Verleger, die Bühne des Geschehens und schlug mir vor, die Übersetzung in Buchform herauszubringen.

»Bist du von allen guten Geistern verlassen?«,

meinte ich. »Davon verkaufst du nicht mal fünfzig Exemplare. Wer ist hier in Griechenland so verrückt, sich den *Faust* zu kaufen?«

»Ich verdiene an deinen Kriminalromanen ganz gut und kann mir diesen Luxus erlauben. Außerdem glaube ich nicht, dass sich nur fünfzig Exemplare verkaufen werden.«

Als ich die Übersetzung fertiggestellt hatte – wenn man bei einem solchen Werk überhaupt davon sprechen kann – und sie noch einmal durchlas, war ich der Verzweiflung nahe. Wie sollte der griechische Leser dieses Mammutwerk ohne erläuternden Kommentar verstehen? So verbrachte ich ein weiteres Jahr damit, den für die Lektüre unerlässlichen Kommentar zu verfassen.

Heute hat sich die *Faust*-Übersetzung in fast dreitausend Exemplaren verkauft und befindet sich schon in der dritten Auflage. Samis triumphiert, weil er richtig gelegen hat, und ich traue meinen Augen nicht.

Bevor ich schließe, möchte ich etwas zu Samis Gavriilidis sagen. Samis hat mir die Möglichkeit verschafft, den *Faust* zu veröffentlichen, aber zuvor hatte er mir zwei andere Türen aufgestoßen: durch die Publikation von *Hellas Channel* hat er mir erstens zum Dasein als Kriminalschriftsteller verholfen und zweitens durch den Verkauf der Rechte ins Ausland zu der Möglichkeit, die griechischen Grenzen zu überschreiten und in Europa bekannt zu werden. Für all das schulde ich ihm ein großes Dankeschön, das ich ihm nie gesagt habe. Andererseits sind wir, über unser Verhältnis als Autor und Verleger hinaus, auch eng befreundet. Daher sind Dankesbezeigungen zwischen uns überflüssig.

Nun will ich aber doch mit dem *Faust* schließen:

*Es irrt der Mensch, solang er strebt.*

So sagt ein Vers, der zum Sprichwort wurde. In meinem Leben habe ich wiederholt geirrt, doch niemals aufgehört zu streben.

## *Personenregister*

*Bitte beachten Sie*
*auch die folgenden Seiten*

# *Petros Markaris im Diogenes Verlag*

Petros Markaris, geboren 1937 in Istanbul, studierte Volkswirtschaft, bevor er zu schreiben begann. Er ist Verfasser von Theaterstücken, Schöpfer einer beliebten griechischen Fernsehserie, Übersetzer von vielen deutschen Dramatikern, u.a. von Brecht und Goethe, und er war Co-Autor des Filmemachers Theo Angelopoulos. Petros Markaris lebt in Athen.

«Seine Bücher spiegeln die Seele Griechenlands.»
*Ulf Lippitz / Der Tagesspiegel, Berlin*

Das Werk von Petros Markaris wird aus dem Neugriechischen übersetzt von Michaela Prinzinger

Die Fälle für Kostas Charitos:

*Hellas Channel*

*Nachtfalter*

*Live!*

*Der Großaktionär*

*Die Kinderfrau*
Auch als Diogenes Hörbuch erschienen, gelesen von Tommi Piper

*Faule Kredite*

*Zahltag*

*Abrechnung*

*Zurück auf Start*

*Offshore*

*Drei Grazien*

*Zeiten der Heuchelei*

*Das Lied des Geldes*
Auch als Diogenes e-Hörbuch erschienen, gelesen von Daniel Buser

Außerdem erschienen:

*Balkan Blues*
Geschichten

*Der Tod des Odysseus*
Geschichten

*Wiederholungstäter*
Ein Leben zwischen Istanbul, Wien und Athen

*Finstere Zeiten*
Zur Krise in Griechenland

*Quer durch Athen*
Eine Reise von Piräus nach Kifissia.

*Tagebuch einer Ewigkeit*
Am Set mit Angelopoulos. Mit einem Vorwort von Theo Angelopoulos